Relinking with the world

爱上北外滩·睁眼看世界

熊月之 主编

赴 欧

Study in Western Europe

严斌林 著

上海人民出版社 学林出版社

本书获虹口区宣传文化事业专项资金扶持

编纂委员会

主　任
　　吴　强　陈筱洁

主　编
　　熊月之

委　员
　　苏　丽　冯谷兰（执行）　季建智　吴　斌
　　金一超　陆　雯

撰　稿
　　严斌林

策　划
　　虹口区地方志办公室

序

言

一部中国近代留学史，大半部与上海有关。近现代中国的留学生无论是留学欧洲，还是美国、日本、苏俄，大多数从上海出发。无论是出国学习自然科学、人文社会科学还是工程技术、管理科学，归国后很多留在上海发展。上海成为与留学文化高度关联的城市。近代上海虹口，为上海国际客运码头集中地、外国领事馆相对集中地，也是很多留学生归国的创业园，因此成为上海各城区中与留学文化关联度很高的地区。从留学与城市关系的角度，剖析近代上海特别是虹口的文化底蕴，对于解读上海的城市精神、城市品格，具有特别的价值。

一

　　见贤思齐是人类文明演进的积极因素。留学是见贤思齐的有效路径，是不同文化之间进行交流的普遍现象，无论在东方西方，均历史悠久，内涵丰富。古希腊时期，巴尔干半岛的雅典学院，就以其灿烂的文化，吸引了邻近的亚平宁半岛与小亚细亚半岛的青年学子前来留学。那以后，古罗马时期、中世纪时期与文艺复兴时期，留学一直是欧洲普遍现象，亚历山大、君士坦丁堡、罗马、巴黎等城市，都曾是重要的留学目的地。在东亚，魏晋以后、中唐以前，因佛教东传，中国西行印度求法的僧人，络绎不绝，至少有 190 人，东晋法显与唐代玄奘是其中翘楚。隋唐时期，日本学生多次随遣唐使来到中国，留在中国，学习中国文化与佛学，有的历时达二三十年。宋元时期延续了这一传统。到了近代，随着全球化速度持续提升，留学运动以更大的规模、更高的频率在全世界范围内展开，日益成为国际文化交流的常态，但若论规模之宏大、人数之众多、地域之广泛、影响之深远，则以中国为最。

近代中国留学以目的地而论，可分美国、日本、苏俄与欧洲国家。以路径而论，可分政府主导与民间主导两大类，政府主导包括官派公费、庚款留学等；民间主导包括私人自费、教会资助、企业或富者资助、党派组织、勤工俭学等。以时段而论，可分洋务运动时期、清末时期、民国初期与五四运动以后。

近代中国第一波留学高潮是在洋务运动时期。清政府接连在两次鸦片战争中惨遭失败，被迫对外开放通商口岸，被迫同意外国使臣驻京，被迫卷入世界资本主义秩序，被迫走上学习西方的自强道路，包括开办同文馆、向外国派出使臣、仿造坚船利炮、兴办近代企业等。与此相适应，陆续向美国与欧洲国家派遣留学生。1872年至1875年,由容闳倡议,得曾国藩、李鸿章鼎力支持,清政府先后派出四批共120名幼童赴美国留学。这是清政府首次官派如此多学生留美。1876年,李鸿章奏准由福建船厂学生及艺徒30名赴英、法两国,学习制造与驾驶,正式开始中国官派留学欧洲的历史。1881年,李鸿章又奏准一些船厂学生赴英、法学习。

近代中国第二波留学高潮,始于甲午战争失败以后,到辛亥革命以前。清政府在甲午战争中被蕞尔岛国日本打败,举国震惊,单学船炮以强国的迷梦至此破灭。研究日本、学习日本的热潮由此兴起。日本明治维新成功的一条重要经验,便是向欧美大量派遣留学生。日本与中国,一衣带水,情势相类,风俗相近,路近费省,于是,向日本派遣留学生成为朝野共识。1896年,清政府向日本派遣首批留学生13名,各省地方政府也陆续派遣学生赴日,到1899年,已有200余人。庚子事变后,清政府广开新政,奖励工商,废除科举,鼓励留日,并宣示预备立宪,各种官派留日、自费留日风起云涌,1903年达1000人,1906年高达7000—8000人。此后,鉴于留日学生中留而不学、鱼龙混杂等问题,中日两国政府联手对留学资格、招生学校做了限制,留日势头有所遏抑。即使如此,到1909年,中国留日学生仍有3000多人。估计清末十余年间,中国留日学生总数在2万人以上。[1]民国成立以后,特别是1913年"二次革命"爆发以后,由于多种因素的综合作用,中国学生留日再掀高潮,1914年有

5000多人。据估算,北洋政府时期,中国留日人数在2万人左右,仍居各国留学人数之首。[2]

　　近代中国第三波留学高潮,是清末与民国时期留学美国与欧洲国家,延续时间较长。鉴于大批中国学生留日,美国感到必须与日本争夺中国留学资源,以扩大美国对中国的文化影响。1908年,美国国会通过议案,决定将其超过侵华战争实际损失的一千多万美元的庚子赔款退还给中国,作为中国向美国派遣留学生的经费。翌年,清政府成立游美学务处,主管考选学生、建设学堂,选任游美学生监督及内外各处往来文件等事。1909年、1910年和1911年,游美学务处分三批招考,第一批录取金邦正、梅贻琦等47人,第二批录取赵元任、胡适等70人,第三批录取梅光迪、张福运等63人,三批共180名学生,年龄都在20岁上下。1911年,作为留美预科的清华学堂正式成立(后相继更名为清华学校、国立清华大学)。1912年清朝覆灭,民国建立,革故鼎新,但"庚款留学"继续进行。1925年,中国在美留学生总数达2500人。以后有所起伏,但整体持上扬态势,1949年达3797人[3],为近代留美人数之巅。

　　清末民国时期,留欧也较前有很大发展。1900年至1911年,中国向英、法、比等国,相继派遣留学生1001人,其中英国315人,法国107人,德国83人,比利时250人。[4]民国时期,英、法等国效仿美国前车之路,相继与中国订立协定,退还应付赔款。中国政府利用此款,向英、法等国派

言

遣了部分留学生。

近代中国第四波留学高潮，是留法勤工俭学。出洋留学，费用昂贵，并非普通家庭所能承担。考取官费留学者，绝少出自普通家庭，且大多出自江浙等地富庶人家。鉴此，清末民初，李石曾、蔡元培等留欧先行人士，发起组织留法俭学会，鼓励国内青年赴法勤工俭学，一边打工，一边求学。法国政府对此热诚欢迎，予以配合。从 1919 年 3 月 17 日第一批 89 名启程离沪，到 1921 年 11 月 13 日 104 名勤工俭学生被遣返回国，前后不到 3 年时间，先后有近 2000 名中国青年抵达法国。他们来自全国 19 个省份，内以四川（472人）、湖南（356 人）人数最多，包括蔡和森、向警予、邓小平、聂荣臻、陈毅、赵世炎、王若飞等。[5] 以勤工俭学方式出国留学，是中国留学史上一大创举，使留学人选从沿海扩展到内地，从富庶家庭扩展到贫寒子弟，放低了留学门槛，降低了留学成本，也加大了四川、湖南等地进步青年与上海城市的联系。

近代中国第五波留学高潮，是留学苏俄。共产国际高度重视在远东各国培养领导干部。1921 年 4 月，苏俄在莫斯科成立东方劳动者共产主义大学，简称东方大学，设国内班与外国班，外国班分中国班、日本班、朝鲜班、伊朗班等，费用由共产国际承担。1921 年，中国班学生有 36 人，到 1923年增加到 52 人。这些中国学生主要来自两个方面：一是上海社会主义青年团选送，如刘少奇、任弼时、萧劲光、罗亦农、汪寿华等；一是留法勤工俭学生转道而来，如赵世炎、王若飞、刘伯坚、陈延年、陈乔年、聂荣臻、萧三、李富春、蔡畅等。1924年，国共两党合作成功。1925年，苏联在莫斯科建立中国劳动者孙逸仙大学（简称中山大学），招收中国国民党与中国共产党骨干入学。蒋经国与邓小平等都是中山大学的学生。1927年蒋介石叛变革命后，国民党停止选送学生留苏，中山大学的国民党学生也撤回国内，此后中山大学的学生全为中国共产党所派。1928年，东方大学中国班并入中山大学，中山大学改名为中国共产主义劳动大学，直到1930年秋停办。1925年至1930年，在中山大学和中国共产主义劳动大学留学过的国共两党学生，总计在1300人以上。[6]

与政府选派、政党组织成规模的留学相一致，较为零散的民间留学也很发达。从清初到鸦片战争以前，陆续有零星天主教信徒随传教士西航欧洲，留学教廷所在地梵蒂冈。1645年随传教士赴梵蒂冈的广东香山人郑玛诺，被认为是中国最早留学欧洲的基督教留学生。1645年到1840年，中国赴欧洲的基督教留学生共有96人。[7]鸦片战争以后，这一留学通路仍在延展，特别是与基督新教相关的留学异军突起。1847年，容闳、黄胜、黄宽等3人，随美国传教士鲍留云（一译布朗）赴美留学，开启了基督新教系统学生留美的历史，也开启了近代中国民间留学的历史。随着时间的推移，民间留学规模不断壮大，目的地更为多元，诸如颜永京

1854年随美国传教士赴美,留学美国俄亥俄州建阳学院;舒高第1859年随美国传教士赴美,后获医学博士学位;何启1872年赴英国留学,后获医学硕士学位;辜鸿铭自1873年起先后留学英国、德国,获博士学位;伍廷芳1874年留学英国,后获法学博士学位;宋耀如获教会支持,1881年起,在北卡罗来纳州圣三一学院等多所学校留学。据不完全统计,1861年至1895年,中国民间留学欧美的学生约80人。[8]甲午战争以后,特别是兴办新政以后,民间留学人数急遽增多。以留日学生而论,自费生大体占40%—50%。[9]民国时期,民间留学更胜于前。据1924年《留美学生录》统计,留美1637名学生中,自费为1075人,占总数近三分之二。[10]这些民间留学的费用,有的来自家庭,有的来自教会,有的来自相关学校的奖学金,有的来自具有公益精神的资本家资助。民国时期,有"棉纺大王"之称的资本家穆藕初曾资助罗家伦等5人留学,有"烟草大王"之称的简照南曾连续3年共资助37名学生留学。周恩来留学法国的经费来自南开大学的"范孙奖学金"。

近代中国一波又一波的留学热潮,虽时起时伏,波涛汹涌,但总体上奔流而下,呼啸向前。这是中华民族觉醒的表现,也是中国走向世界的步伐。以两次鸦片战争、甲午战争为重要标志与转折关节点,曾经雄踞世界东方的大清帝国急速地、无可奈何地走向衰落,绵延几千年之久的中国文化,遭遇到西方文化空前猛烈的冲击。日趋深重的民族危机,唤起了一批又一批不甘沉沦的志士仁人的觉醒。他们开眼看世界,学习新知识,寻找新出路,留学就是看世界、学新知、找出路的具体实践。上述五波留学浪潮,恰好与近代中国历史前进的步伐呼应关联,幼童留美、艺徒留欧,对应的是洋务运动;19 世纪末 20 世纪初的留日大潮,对应的是维新与革命,而庚款留学与五四以后留学苏俄,对应的是那个时代的知识精英对于民族前途的新的思考与探索。正如李新先生所概括:

　　一百多年来一浪一浪的留学运动充分地说明:中华民族一部分勇敢、优秀的儿女们,一直在挣脱妄自尊大、闭关锁国的束缚,艰难而又坚决地走向世界!在此意义上,留学运动的发生和留学生群体的崛起,就不仅仅是救亡所能包括,实际上它是中国社会从传统向现代转型嬗变过程中迈出的最初一步,而他们正是一支新兴的、特殊的先导力量。[11]

　　近代中国留学欧美与日本、苏俄等地的总人数,累计超过 10 万人[12],其规模宏大,影响广泛、深邃与久远,均为同时代世界之最。如此众多的留学生,就个体而言,其成就与表现自然千差万别,形态各异,但作为整体,则有鲜明的共同特点。

　　其一,崇高的爱国精神。他们远离祖国,辛苦治学,学成以后,忠心报国。容闳学成以后,不愿留在美国发展,不愿意当传教士,回国后也不愿做买办,而是不辞辛劳地奔波于实业救国、教育救国的路上,并有力推动晚清官派留学的起步。这是成千上万留学生学成报国的典范。至于李大钊、周恩来、邓小平等一大批共产党人留学报国的事迹,我们早已耳熟能详。

其二,杰出的学术成就。就学科而言,无论是自然科学、人文社会科学、工程技术,还是管理科学,就人才而论,政治、军事、外交、经济、法学、教育、科学、文学、艺术等领域,如果撇开留学生的贡献,撇开留学的影响,都不可思议。1926 年,舒新城便说过:中国高等教育界之人员,"十分之九以上(据民国十四年东南大学、北京师大同学录)为留学生",民国以来中国学者在地质调查、物理研究方面所取得的为国际学术界承认的成就,全部出自留学生,"高等以上学校之科学教师,更无一非留学生" [13]。1931 年出版的《当代中国名人录》,收录教育界名人 1103 位,其中留学出身的904 人,占 82%。[14] 1948 年,中央研究院评选全国第一批院士,经反复筛选,最后入选者凡 81 人,其中数理组、人文组各 28 人,生物组 25 人。此 81 人中,接受过留学教育的凡77 人,占 95%。没有留学经历而入选院士的仅 4 人,全在人文组。[15] 这充分说明留学教育对于中国学术的全局性、决定性影响。

二

近代中国留学史早已成为专门的学问,各种留学通史、专史,包括国别留学史、专业留学史、留学人才史,佳作迭出,目不暇接。这套丛书关注的重点,是以往研究不大关注,或关注较少的领域,即近代留学与上海的关联,特别是与虹口的关联。

梳理近代中国留学史,可以发现一个突出的现象,即相当多的留学生与上海有关联。这种关联有两个方面,一是他们出发与归国的口岸,大多是上海;二是他们留学以前与回国以后,相当多人与上海有关。正是这两个方面的内涵,彰显了上海城市的特点与地位。

近代中国留学海外,绝大多数是从上海出发的,也是经上海归国的。这首先因为,上海很早就成为中国的远洋交通枢纽、远洋客运中心。

上海位于中国南北海岸线的中点,长江东流入海的终点,两点叠加,使得上海航运优势无可比拟。在主要以轮船为国际、国内载客工具的前飞机时代,上海正好处于内河航运与海洋航运两大网络的连接点上。

内河航运方面,1860 年以后,西方列强通过《天津条约》与《北京条约》等不平等条约,强迫中国开放长江及沿江城市,包括汉口、九江、南京与镇江 4 个沿江城市。据此,外国军舰、商船可以驶入长江和各通商口岸。1876 年,英国借口马嘉理事件,逼迫清政府签订中英《烟台条约》,规定将宜昌、芜湖等增添为通商口岸,大通等众多城市为外轮停泊码头,安庆、沙市等成了准通商口岸。1890年中英签订《烟台条约续增专条》,将重庆添列为通商口岸。1895年签订的中日《马关条约》,规定沙市、重庆、苏州、杭州等为通商口岸,日本轮船可以驶从湖北省宜昌溯长江以至四川省重庆府,从上海驶进吴淞江及运河以至苏州府、杭州府,附搭行客、装运货物。到19世纪末,从上海到重庆已全线通航轮船,长江成为全国最为繁忙的运输通道。内河轮船航运网络的形成,极大地便利了长江流域有志留学的青年向上海流动。

远洋航运方面,上海位于那些往来于北美西海岸和日本、中国、东南亚之间的轮船所遵循的世界环航线路最近点之西不满一百英里的地方,所有西太平洋主要商业航道,都在那里汇合。中国远洋航线以香港与上海为中心,香港为欧亚航运中心,上海为东亚与中国海运中心。航行到欧洲、美洲、澳大利亚以及南洋等外洋的轮船,大多数经过香港与上海。进入20世纪后,中国的远洋航路,以大连、上海、厦门、香港4个口岸为据点,上海适居中心位置。就航运距离而论,上海到西欧与美国东部港口,大约相等。上海处于远东航运的焦点位置和大西洋欧洲与美洲的中间位置,航运区位优势显著。

鸦片战争以后,西方列强抢先开通了到上海的远洋航线。1844年,有44艘次外国商船进入上海港。1845年,美国商船驶入上海港,将美国至横滨的航线延伸至上海。1849年,进入上海港的外国商船达 133 艘次。1850 年,大英轮船公司开辟香港至上海的航线。此后,法国、德国、日本等国商船也都开辟了至上海的远洋或近洋航线。此后,航线越来越密集,航班越来越多。1873 年,中国第一家轮船航运企业轮船招商局在上海成立,派船航行日本、美国、东南亚和西欧等地,运货载客。到 20 世纪 20 年代,上海已成为世界级著名客运港口,从上海直达伦敦、马赛、汉堡、新加坡、旧金山、西雅图、温哥华、檀香山、神户等的航线,都有定期客轮,且每条航线都有好几家轮船公司经营,相互竞争。

与航线发达、航班众多相适应,上海港码头建设不断发展。到 1870 年,虹口境内黄浦江岸建有汇源、怡和、旗记、伯维船坞、顺泰、海津关、同孚、虹口、耶松船坞、耶松船厂、宝顺、仁记等十几个外商码头和船厂。到 20 世纪初,上海港已有 5 个码头可以停靠国际客船,分别是公和祥码头、太古码头、日本邮船会社三菱码头、亨宝洋行码头与宝隆洋行码头,虹口沿黄浦江地带已是上海最为繁忙的外洋客运中心。

出国留学是一项牵涉面众多的复杂工程,除了轮船、码头等硬件设施,还有管理、服务等许多软件需求,特别是留学预备工作,如出国前的培训、出国手续办理、服装置办与信息咨询等,都对离岸城市有所要求。近代上海在这些方面都在国内领先。

先看最早的留美幼童出国前的准备。1872—1875 年,

清政府分四批共派 120 名幼童留学美国。这些幼童就籍贯
而言，广东籍 84 人，占 70%；其余是江苏籍 21 人，浙江、安
徽、福建、山东籍各有 1 到 8 人不等，广东籍占了三分之二
以上。如果从航行距离考虑，从香港出发最合理，其时香港
已有通往美国的航线。但是，这四批学生，不是从香港出发
的，而是从上海出发的，原因在于，留学不同于简单的跨国
旅行，不是买了船票、提了行李即可登船出发的，事先要有
出国培训，包括中英文强化训练、官府训话、外国礼仪须知
等教育。为此，清政府在上海设立西学局，建立出洋预备学
校，聘请专门教师，负责此事。出国前培训，相当严格。相
关章程规定：无事不准出门游荡，擅行私出三次者即除名撤
退，争闹喧哗、不守学规、慢视教令、屡戒不改者，亦予以除
名。学校规定："夏令时五六点钟起上生书一首，八点钟用
点心，写字一纸，请先生讲书。十二点钟午饭。一点钟至三
点钟温理熟书，文义不明者质疑问难。四五六点钟习学外
国语言文字。九点钟寝息。""冬令时七点钟至九点钟课中
国书籍或课古文字一篇，讲先哲格言数则。"[16] 一位幼童回
忆当年在预备学校学习的情景："他们没有网球、足球及篮
球，也没有这么多假日。那时只有中国阴历年、五月端午节
及八月中秋节放假。故在学校读书时间多，而游戏时间少。
学校监督是一位'暴君'，他力主体罚，而且严格执行。但多
少年后，幼童们仍然怀念他，他们恐惧他手上的竹板，但是
他强迫大家读写中文，在幼童回国后，都能致用不误。"[17] 显

然,要一届又一届地连续几年实施这样的出国前培训教育,对离岸城市的师资质量、管理能力等是一项很高的要求,其时中国沿海城市只有上海能够具备。

出国培训这类工作,不光官派留学需要,有些民间自费留学也同样需要。邹容在 1901 年秋,自四川赴日本自费留学,便是先在上海停留,进入江南制造局附设的广方言馆补习日语,然后再去日本。那时,上海外语培训班多如米铺,英、日、法语均有,日后又增添了俄语,以英语为多,日校、夜校均有,费用也不贵,很多人都是先在外语培训班打下一定外语基础以后,再出国留学的。最典型的是穆藕初,他赴美国留学时已经 34 岁,此前的英文基础,都是在外语培训班打下的。

上海远洋航线多,经营公司多,航班多,适应不同层次、不同服务需求,不同价格的舱位也多,这给旅客和留学人员提供了很大的选择空间。对于大批自费留学的人来说,上海更是比较理想的离岸港。

清末民初,很多出国手续是在上海办理的,上海有很多为留学服务的专门机构。比如,留学美国的护照,晚清时由上海道台衙门办理。申请护照,大约出发前一个月,可以前往办理,其他地方的省级海关衙门也可申请,但不如上海方便。申请护照的费用,自墨洋 10 元至 24 元不等,无一定价格,如能找到署内熟人,还可便宜一些,最便宜的只需不到 6 元。领取护照以前,需改换西装,上海西装店很多;需附近照 3 张,上海照相馆也很多。申请到美国签证的地方,在上海虹口黄浦路 36 号,费用为 2.4 元墨洋。购买到美国的船票也有讲究,清末上海只有协隆洋行一家经理,地址在外滩花旗银行隔壁,需事先选好船期与舱位。到旧金山的票价,一等舱 45 英镑;特别三等舱,20 英镑;三等舱,10 英镑。如果近期有传染病流行,申请人还须经美国在沪的专门医生检疫,给予无传染病的凭单,方可成行。此美国在沪医生,住在外白渡桥桥堍四川路 49 号。至于出国所需备的各种用品,包括衬衣、皮鞋、领带、帽子、毛巾、剃刀之类,南京路近泥城桥有几家专门商店,可供选购,相当方便。[18] 尤其需要注意的是,轮船启航前几天,要不时地打听开船准确信息,有时因为要避开台风影响,轮船会延期启航。这样,启航前便可能要在上海多逗留一些时间。这都加大了出国准备工作的难度。

至于赴法勤工俭学,准备工作难度更高,那是自费与组织相结合,即经费由各人自己负担,但由华法教育会在各地的分会具体组织,包括报名、签证、联系船票等事宜。赴法勤工俭学的学生,籍贯以四川与湖南二省最多,都是先从家乡到成都、长沙等各自省会集中,然后汇聚上海,一起出发。从上海至马赛或巴黎,全程需时要 40 余天。船上耗时较长,途中生活用品也要有充分的准备。因此,为赴法送行,成为一项重要活动。远洋客运码头所在地虹口一带,因一批又一批赴法勤工俭学生的到来,平添很多来自各地的送行人员,也增加了很多生意。是时，虹口码头附近的客栈，全都生意兴隆，人满为患。一些学校与居民家中，也会住满候船学生与送行亲友。每逢各地大批赴法学生来沪，或者每一批留学生乘船出发，上海各界特别是各地寓沪同乡组织，都要举行隆重的欢迎会或者送别会。留学生在黄浦码头登轮起航时，码头上都会车马纷纭，送行者络绎于道，蔚为壮观。

20 世纪 20 年代留学苏俄的中共党员、青年团员，很多人本来就在上海工作或生活，在上海外国语学社学习俄语，接受无产阶级革命基本知识教育，目标就是留学苏俄。比如，湖南籍的罗亦农，便在 1919 年来上海谋生，在法租界一家报馆当校对工，后来与陈独秀发生联系，进入上海外国语学社。这些学员主要来自湖南、安徽、浙江三省，都是长江流域的省份，而上海一向是这些地方人远赴海外的口岸城市。

民国时期，上海外国领事馆众多，也是上海留学文化发达的原因之一，因为领事馆是留学签证的机构。其时，留学主要目的地国家，美、英、法、德、比、日、苏俄，在上海都设有总领事馆。虹口及其附近地区，外国领事馆尤其集中，美国、日本、俄国驻沪总领事馆，都在黄浦路；德国、奥地利、荷兰驻沪总领事馆，都在或一度设在四川路。

三

近代从外国留学归来的知识分子，无论是自然科学、人

文社会科学,还是工程技术、管理科学,相当部分选择定居
上海,在上海谋求发展。

我们无法确知,究竟有多少留学生回国以后,留在上海
发展他们的事业,但可以断言的是,这个数量一定相当可
观,比例一定很高。

且以法律方面的留学人才为例。[19]据研究,自 20 世纪
20 年代至 20 世纪 30 年代末,先后在上海工作或生活的归
国法学留学生共计 374 人,其中归自东洋的 185 人,归自欧
美的 189 人。[20]他们的工作,包括做律师和在大学任教,有
不少人既当律师,也在大学里兼任教授。1936 年,全国有资
质进行法政教育的私立大学共 10 所,其中设在上海的有 4
所,即复旦、光华、大夏与沪江。[21]同年,全国私立法政专门
学校凡 7 所,其中设在上海的有 4 所,即上海法学院、上海
法政学院、正风学院与中国公学。[22]由此可见,上海在法学
教育方面,在全国几乎占了半壁江山。

在这些法政学校,归国留学生占了绝对优势。1929 年,
上海法政学院校董会有 11 人,其中 9 人是归国留学生;有
教授 38 人,其中 22 人有留学经历。1933 年,上海法政学院
有 57 位教授,有留学经历的为 41 位,没有留学的仅 16 位。
1930 年,上海法学院校董会由 24 人组成,其中 18 人有留学
经历。1933 年,持志大学法律系学历清晰的 9 位教授中,有
6 人是归国留学生。1949 年以前,复旦大学法学院学历清
晰的 28 位教授中,19 位有留学经历。[23]

以上是法学系统的情况,再看一些综合性数据。1929年,大夏大学有54位教授,其中41人有留学经历,包括30位文科,11位理科。同年,中国公学有教员36人,其中25人有留学经历。[24]

从这些并不完整的数据,我们已经可以看出留学生的巨大影响力。再看学术界一些著名人物情况。据邹振环、忻平研究,生活在上海的归国留学生很多,不胜枚举。留法归来的有陈绵、巴金、梁宗岱、黎烈文、李健吾、戴望舒、王力、周太玄、李丹等;留英归来的有陈源、吕叔湘、徐志摩、伍蠡甫等;留美归来的有胡适、穆藕初、赵元任、王造时、罗念生、唐钺、冰心、梁实秋、何炳松、余家菊、潘光旦、李安宅、章益等;留日回来的最多,如张东荪、刘文典、郭沫若、成仿吾、陈望道、李达、李汉俊、陈启修、周佛海、田汉、夏衍、张资平、谢六逸、郁达夫、周昌寿、郑贞文、刘呐鸥、傅子东、王亚南、夏丏尊、楼适夷、穆木天、王学文、杨之华、郑伯奇等;还有不少是双重留学生,如任鸿隽留学日、美,文元模留学日、德,夏元瑮留学美、德,冯承钧留学德、比,焦菊隐留学英、法,杨端六留学英、德。[25]

留学生来源地很多,但那么多人最后选择上海作为其居留地与事业发展地,是上海城市对于留学人才拉力综合作用的结果。

上海在开埠以后,发展很快,外贸方面在1853年以后就超过了广州,成为全国外贸中心。1919年,中国排在前十名的城市依次是：上海、广州、天津、北京、杭州、福州、苏州、重庆、香港、成都。其时，上海城市人口 245 万人，比第 2 名广州（160 万人）多 85 万，比第 3 名天津（90 万人）多 155 万，是第 4 名北京（85 万人）的将近三倍。1935 年，上海已是远东第一大城市、世界第五大城市。1947 年，上海人口 430 万人，排在后面的依次为：天津（171 万人）、北京（163 万人）、广州（140.3 万人）、沈阳（112.1 万人）、南京（108.5 万人）、重庆（100 万人）。[26] 上海人口是排在第二位天津的 2.5 倍，是当时首都南京的 4 倍。民国时期，上海是全国多功能经济中心（贸易、金融、工业、商业、旅游、邮电等）、多领域文化中心（教育、科学、文学、艺术、新闻、出版等），也是中国与外国文化交流的枢纽。如此巨大的经济与文化体量，现代化方面的领先程度，使得上海对于从外国归来的留学人才吸引力巨大。诚如自法国留学归来的、曾翻译都德《娜拉女郎》和司汤达《红与黑》的四川人罗玉君所说："当年离开巴黎时我就想，只要这个世界上有地方放下我的书桌，有地方出版我的译著，有年长的年轻的读者喜欢我的书，珍藏我的书，那地方就是我眷恋的……正因为如此，巴黎留不住我，欧洲留不住我，四川太凋敝也留不住我，留住我的恰恰是上海。"[27]

对于留学生集聚上海的情况，留美归来的梁实秋，在述及民国时期上海文化人才时曾写道："同时有一批批的留学生自海外归来。那时候留学生在海外受几年洋罪之后很少有不回来的,很少人在外国久长居留作学术研究,也很少人耽于物质享受而流连忘返。潘光旦、刘英士、张禹九等都在这时候卜居沪滨。"[28]难计其数的留学生在学得现代知识以后,返棹还乡,报效祖国,放眼望去,既能发挥所学知识,尽其所学,又能过上与留洋时相差无多的物质生活与精神生活,大概上海最为理想。

虹口是近代上海留学文化极为繁盛的区域。虹口区领导一向高度重视发掘、研究近代上海留学文化,特组织相关学者编写了这套丛书。丛书按留学目的地,分为赴美、赴日、赴欧与赴苏四卷。撰稿人何方昱、翟海涛、严斌林与杨雄威,都是对相关课题素有研究的专业学者。披览丛书,尽管各卷所涉国度不同,时代有异,相关留学生所学科目各有千秋,学生结构各具特色,但丛书有以下4个共同的特点:状其概貌,完整概括各卷研究对象的总体形态,包括时代特点、留学规模与社会影响;述其历程,清晰叙述留学各地的酝酿、起步、鼎盛与终止的演变过程,以及相关阶段的特征;析其特质,论述各地留学学生结构、所学内容、留学成就等特点,解释何以如此的社会根源;聚焦上海,突出虹口,不是泛论整个近代中国留学,而是在交代清楚面上概况以后,集中讨论与上海城市特别是与虹口的关联。

如果将四卷合在一起,我们可以清楚地看出,留学美、欧、日与苏俄,都与上海特别是虹口有重要的关联,但各有各的关联,其关联的因素并不完全相同,其影响也各有不同。

如果将宋耀如（留美）、严复（留欧）、鲁迅（留日）、柯庆施（留苏）比较一下，就可以发现他们留学的实践，与上海的关联便很不相同。宋属民间留学，严是官派，鲁迅是考取官费，柯是组织选送。宋、严并不是从上海出发的，但他们归国以后，都与上海城市发生了重要关联。这种关联，有的看上去是自我选择的结果，如鲁迅定居在虹口；有的则明显不是，如宋定居上海，是教会安排的；严在1900年以后自天津移居上海，属形势所迫；柯来上海做市领导，则完全是组织安排。当然，即使看上去是自我选择，深究起来，也还是整个社会发展大势与城市特点在起作用。鲁迅定居上海以前，也曾居留过好几个城市，最后，他没有选择北京、广州或厦门，而是选择上海，这显然是上海特有的城市品格正好与他的需求相匹配。他之所以选择定居虹口，而不是静安寺、法租界或其他地段，也有他自己的考量，其背后仍然与上海不同区域的特点有关。

对于关联的影响，可以想象的空间更大。如果我们深问一下，假如当年宋耀如没有留学美国，没有定居上海，那后果会怎样？后果有无数种可能，其中一种可能是显而易见的，即上海就没有宋氏三姐妹，就没有宋氏三姐妹留美，就没有宋子文等人留美，就没有所谓的宋氏家族，那整个民国史就将重写。如果把此类想象性分析发散开去，比如落实到蔡元培、胡适、章士钊、巴金、刘海粟等人身上，那我们就会看到一个完全不一样的近代上海文化图像。历史考据的结论从来不允许假设，但历史影响的分析从来不排斥假设。当我们沿着这一思路，放飞想象的翅膀，那我们对于留学与近代上海、留学与近代虹口的意义阐释，就会广阔得多、深入得多，也有趣得多。

在这个意义上，可以说，这套书对于梳理、解析近代上海城市精神与城市品格，具有无可替代的重要价值，值得一读再读。

张月之

2023 年 2 月 18 日

言

注 释

1. 李喜所主编,刘集林等:《中国留学通史·晚清卷》,广东教育出版社2010年版,绪论,第8页。

2. 李喜所主编,元青等:《中国留学通史·民国卷》,广东教育出版社2010年版,绪论,第2页。

3. 王奇生:《中国留学生的历史轨迹》,湖北教育出版社1992年版,第45页。

4. 李喜所主编,刘集林等:《中国留学通史·晚清卷》,广东教育出版社2010年版,第286页。

5. 鲜于浩:《留法勤工俭学运动史稿》,巴蜀书社1994年版,第58—63页。

6. 王奇生:《中国留学生的历史轨迹》,湖北教育出版社1992年版,第80页。

7. 李喜所主编,刘集林等:《中国留学通史·晚清卷》,广东教育出版社2010年版,第25页。

8. 李喜所主编,刘集林等:《中国留学通史·晚清卷》,广东教育出版社2010年版,第184—185页。

9. 李喜所主编,刘集林等:《中国留学通史·晚清卷》,广东教育出版社2010年版,第235页。

10. 《留美中国学生之调查》,《教育杂志》1925年第17卷3期,第13页。

11. 李新:《一个有待深入研究的重大课题——"留学生与近代中国研究"之我见》,《徐州师范大学学报(哲学社会科学版)》1995年第1期,第2页。

12. 王奇生:《中国留学生的历史轨迹》,湖北教育出版社1992年版,前言,第1页。

13. 舒新城:《近代中国留学史》,上海文化出版社1989年版,第212—213页。

14. 朱景坤:《中国近代留学教育与中国高等教育近代化》,《徐州师范大学学报(哲学社会科学版)》2002年第3期,第41页。

15. 白云涛:《留学生与中国院士的计量分析》,《徐州师范大学学报(哲学社会科学版)》2004年第3期,第9—15页。

16. 《沪局肄业章程》,转引自李喜所主编,刘集林等:《中国留学通史·晚清卷》,广东教育出版社2010年版,第85页。

17. 温秉忠:《一个留美幼童的回忆》(1923年12月23日),[美]高宗鲁译注:《中国幼童留美书信集》,传记文学出版社1986年版,第76页。

注　释

18. 濮登青:《游美灯》,美国留学生编:《美洲留学报告》,作新社 1904 年版,第 83—86 页。

19. 袁哲对此有较为细致的研究,详见袁哲:《法学留学生与近代上海(清末—1937 年)》,复旦大学博士学位论文,2011 年。

20. 袁哲:《法学留学生与近代上海(清末—1937 年)》,复旦大学博士学位论文,2011 年,第 45 页。

21. 设在其他城市的有 6 所,即南开大学(天津)、齐鲁大学(济南)、中华大学(武昌)、厦门大学(厦门)、广东国民大学(广州)与广州大学(广州)。

22. 其他 3 所设在北平,即中国学院、朝阳学院、北平民国学院。

23. 袁哲:《法学留学生与近代上海(清末—1937 年)》,复旦大学博士学位论文,2011 年,第 77—88 页。

24. 袁哲:《法学留学生与近代上海(清末—1937 年)》,复旦大学博士学位论文,2011 年,第 84、88 页。

25. 邹振环:《西书中译的名著时代在上海形成的原因及其文化意义》,《复旦学报》1992 年第 2 期,第 90 页;忻平:《从上海发现历史:现代化进程中的上海人及其社会生活 1927—1937(修订版)》,上海大学出版社 2009 年版,第 106 页。

26. 何一民:《中国城市史》,武汉大学出版社 2012 年版,第 619—620 页。

27. 金平:《上海眷恋》,《文学报》1990 年 2 月 15 日。

28. 梁实秋:《忆〈新月〉》,《梁实秋散文集　第五卷》,时代文艺出版社 2015 年版,第 248 页。

黄渡路花园洋房(席子　摄)

目

录

引

言 [1]

"上海黄浦两岸,从十六铺抵杨树浦十多华里的地方,差不多尽是轮船码头。这码头上面,每天上落人客、货物,难以数计。"[2] 这是 20 世纪 20 年代初,一名调查者对上海黄浦江码头的实景描述。上海的码头到底有多少呢?往来于这些码头的客货轮船又有多少呢?除了当时上海浚浦局经常对两岸码头进行统计,汇编《上海港口大全》,以及海关对进出港轮船均有登记外,一般市民估计没有人能够说出一个详数来。时人对此有过一段思考:"黄浦江头,轮舶往来不息。那些浓烟煤灰,差不多把天空水色,都渲染得有点黑沉沉哩。然而水中行船,到了目的地,必须拢傍码头,才好上落人客货物。不过轮舶太多了,所以上海地方的码头,也非常之多,不要说初到上海的人,弄不清楚这许多码头,便是我们久居本埠,也未必记得明白吧。"[3] 总之,上海的码头很多,来往于上海的轮船也很多,这使得上海从一座相对封闭的濒海小城,变为近代中国管窥世界的绝佳窗口。

　　上海,是近代中国开埠最早的口岸城市之一,也是近代中国现代化程度最高的城市,还是近代远东第一大都市,更

清末上海的码头

是近代世界列强势力盘根错节、争相竞逐的利益场，它不仅坐拥"东方大港之门户"的美誉，且有着"占全国经济重心，海运交通枢纽"[4]的地利之便。所有这些角色的扮演和因素的发挥，毫无例外地都与上海和海外世界的沟通联系有着紧密的关系。浦江两岸，尤其是上海外滩成为这种对外交往联系的启程地和见证地。中外贸易的互通、人员的交流、思想的碰撞、制度的引介，乃至生活方式的传播，都离不开黄浦江岸两岸码头的功能作用。可以说，这里是近代中国人走向世界、认识世界、学习世界和改造世界的起点。近代中国的思想家、革命家、文学家和实业家，很多人都从这里出发，开始他们认识世界的首趟旅程。我们的故事，就从这里讲起。

清代后期，苏州河北岸的码头（虹口区地方志办公室　提供）

　　上海因其襟江靠海的特殊区位，自古以来就是天然的优良港口。据说早在三国时期，孙权便在这里操练水军。唐朝时，政府在这里设立青龙镇，很多船舶便经吴淞江（今苏州河）溯流西上，开展贸易。到宋朝时，政府不仅在这里设置"市舶司"作为专门的管理机构，青龙镇也成为"江南第一贸易港"。后来，由于吴淞江不断淤浅，航运受阻，又出现了上海镇、浏河镇，与青龙镇发挥相似的功能。清朝初年，位于黄浦江西岸的上海港开始崛起，成为今日上海港口的基础。

　　黄浦江从松江区（米市渡）至吴淞口长达82.5公里，上游河道直阔、江岸陡峭，下游河道弯曲，西南连淀山湖，东北入长江。江面最宽处达800多米，最窄处也有300多米，航道较深,万吨的轮船可以从吴淞口直达关港。而其江水流速较为缓慢,潮差不是很大,且无冰冻时期,可以四季通航。江底泥土细软,也便利船舶抛锚停泊。沿江两岸地势平坦,非常适宜建立码头仓库。且河道距离海口较远,即使发生台风,港内船舶也相对安全。这些因素决定了黄浦江是天然的优良港口。[5] 而紧临黄浦江与吴淞江下游苏州河的虹口地区,就是近代上海最早开建港口码头的区域之一。

1843 年上海正式开埠,英国和法国在苏州河以南的地区划定租界,作为外人活动居住区域。此后西方人就不断涌入上海,上海也成为近代中国最早接触和熏染欧洲文化的地区之一。1848 年,美国圣公会在上海的主教文惠廉在苏州河北岸虹口一带大量购置土地,修筑房屋,将其划为美国人的居留地。1856 年,虹口与英租界之间建起一座木桥,虹口居民逐渐增多。1863 年 6 月 25 日,美国领事西华德与上海道台确定"沿苏州河至黄浦江,过杨树浦三里之地"为美租界。同年 9 月,英美租界合并成为"公共租界",这里遂发展为上海外人云集、工商航运繁盛的场所。

租界的建立与外国人在上海港建造码头有着密切的关系。外国殖民者在最初选择租界时,都是紧邻黄浦江沿岸,其主要目的就是为了便利船舶运输。自 1846 年英租界成立"道路码头委员会",开始在外滩修筑沿江码头起,美、法租界随即仿效跟进。因外船吃水较深,不能直接停靠码头,所以多抛锚在黄浦江中,由驳船往来运输货物,故最初修筑的码头都是驳船码头。随着第二次鸦片战争结束,中国与列强签订一系列不平等条约,丧失了更多的权益,列强对中国的侵略也进一步扩大,驶入上海港的外国轮船大幅增加,原有的驳船码头已不敷使用,选择合适的地点建造轮船码头已成为当务之急。

早在1860年时,洋商已开始轮船码头的兴建。外商为了建造轮船码头,在陆地上主要向虹口和法租界外滩两个方向延伸。因为当时的虹口沿江地段适中,不仅水深且流速缓慢,岸上更有大片充足的空地,是建造轮船码头的绝佳地段。在外国领事的支持和怂恿下,外商纷纷在虹口小港到下海浦(今大名路到提篮桥一带)沿江建造码头。在英美租界合并为公共租界,苏州河上架设桥梁之后,虹口一带建造的码头就更多了。到19世纪70年代末,虹口沿江地区、法租界外滩和浦东都已修建了许多轮船码头,这些码头绝大多数属外商所有。

1895年甲午战争失败后,随着中日《马关条约》的签订,列强获得了在中国开矿、办厂等特权,上海外商又掀起了新的修筑码头活动。到20世纪初期,英、日、德、美、法等列强已在上海港兴建了许多码头。列强就是依托这些码头,以上海为始发港(终点港)或重要中转港,构建起重要的国际海洋航运网络。上海也在这一过程中,较早地接纳了西方的工业文明,逐步融入世界市场,并为中国走向世界的主要门户。下面就从航线、码头、航运企业、船舶及客运服务、运价等几个方面,对近代上海的赴欧远洋航运予以概述。

一、航线

自唐末至宋初起,上海就以华亭港、青龙港为中心开始接纳国内外商船,开展海上贸易。至清朝中叶,由于政府海禁政策的影响,仅以木帆船开展对国外的海上运输,规模较小。当时,上海与海外的运输航线主要有两条:一条是东线至日本、朝鲜;另一条是南线至南洋群岛。

1840 年鸦片战争爆发,1842 年中国战败,被迫签订《南京条约》,上海也于 1843 年正式开埠,由传统的封闭型港口转变为开放性港口。此后西方国家新式帆船和轮船不断涌入上海港,上海的远洋航线也在这种时代背景下诞生了。

早在 1842 年,即有一艘英国商船"魔女"号随英国侵略军驶入上海港。1843 年上海开港不到两个月,英国怡和洋行就至少派赴 7 艘商船抵达上海。1845 年,美国商船"巴拿马"号抵达上海港,开辟了美国至上海航线。1850 年 4 月,英国的大英轮船公司"玛丽伍德"号首先开通上海至香港的定班航线,将上海与来往于欧洲—亚洲间的干线相衔接,欧美商人大都经香港转乘船来上海,这也是上海港第一条客货班轮航线,该航线最初为每月 1 班,后改为 2 周 1 班。随着国际航线的不断开通,至 1851 年,上海港已成为中国第一大港口。

言

　　继英、美等国之后,法、德等国也相继开通至上海的航
线。1862 年,法国邮船公司将轮船航线从越南延伸到上海
港。该条航线为马赛—科伦坡—仰光—海防—香港—上海,
后来又延伸至神户—横滨,具体由上海旗昌洋行代理,每月
1 班客货班轮停靠上海。1872 年,德国航业局投入 3 艘轮
船,开辟了汉堡—伦敦—新加坡—香港—上海之间的航线。
这样到欧洲主要国家的航线已基本开通。

　　1867 年,美国太平洋邮船公司(又称花旗轮船公司)开
辟了从美国加利福尼亚至香港的横跨太平洋固定客货航线,
第一艘船"科罗拉多"号于当年 2 月间到香港,然后经欧洲
到美洲,吸引了众多环球旅行的海上旅客。1868 年,旗昌洋
行成为该公司在上海的代理行,第二艘"哥斯达黎加"号便
从日本抵达上海,再经香港西行至欧洲,正式开辟了从美国
经上海、香港,到欧洲,最后返回美洲的环球航线。此后,该
公司又相继投入"俄勒冈"号、"黄金时代"号、"纽约"号等
轮船于该航线。

　　19 世纪 60 年代中期后,上海与香港以及英国、美国、法
国、德国的定期航线已形成。1869 年,苏伊士运河通航后,
上海远洋客运业开始有了较大发展。与此同时,美国的卡望
尔、夏尔及葛连等轮船公司也开始经营上海和英国伦敦之间
的航线。1880 年,奥匈帝国路易轮船公司开辟了从的里雅
斯特至上海的航线;1886 年,北德意志轮船公司又开辟了不
来梅至上海之间的航线。19 世纪 80 年代以后,上海至欧洲

的直达轮船定期航线不断发展,不仅数量持续增长,且经苏伊士运河的航期也大大缩短,赴欧航线轮船载运客货的业务能力也有了很大提升。

除了上述外国轮船公司经营的赴欧航线外,中国也开辟了自己的赴欧航线。1873年1月,在上海刚成立不久的轮船招商局,即调"伊敦"号由上海港装货赴香港。1881年,"美富"号、"海深"号行驶上海至英国航线。此后,轮船招商局的轮船相继航行至东南亚的安南、暹罗、槟榔屿、印度等国家或地区,与欧洲国家在这些地区的航线相接轨。

至20世纪30年代前后,以上海为始发站(或途经站)的远航欧洲的航线不仅数量众多,并且不同国家背景的轮船公司经营的航线互有交叉甚至重叠,主要有英国怡和轮船公司经营的2条航线:上海至伦敦航线,自上海出发,途经马赛至伦敦;上海至欧美环线,自上海出发至欧洲后,途经纽约、温哥华,到日本,最后返回上海。日本邮船会社经营的2条航线:横滨经上海至欧洲航线,沿途挂港神户、门司、上海、香港、新加坡、槟榔屿、科伦坡、亚丁、苏伊士、塞得港、那不勒斯、马赛、伦敦,航行周期50天;上海至纽约航线,东行经太平洋、巴拿马至纽约,西行经苏伊士运河走地中海入大西洋至北美各港口。美国大来洋行经营的1条环世界航线,从纽约出发,沿途经巴拿马、洛杉矶、旧金山、横滨、上海、香港、小吕宋、新加坡、苏伊士,再至意大利、法国,最后经大西洋返回美国,每两周发一班。

轮船抵上海码头

摆摊小贩卖茶水食物是近代上海码头常见的现象。
图为码头上的食摊（虹口区地方志办公室　提供）

第二次世界大战爆发后,上海至欧洲航线的船舶数量骤减。抗战胜利后,上海港的客运发展较快,共有 10 余家中国人自己开办的轮船公司,但主要从事沿海内河客运,兼营少量远洋航线。这一时期,经营上海至欧洲航线的船舶数量有所增加,主要有太古轮船公司、怡和洋行以及丹麦宝隆洋行的船舶。但总体而言,此时的远洋赴欧航线,无论是从班次,还是载客数量而言,都比战前要少很多。

二、客运码头

上海开埠以来,随着海外贸易的迅速增长,上海港内码头数量不断增多。但在很长时间内,这些码头都是货物码头,用于装卸各类商品货物,并无专门的客运码头。且长期以来,上海的码头都没有多少新建筑和设备,"沿着江岸的码头,大多数是陈旧的,失却了坚稳的木质的建筑;装卸货物,多半借人力与绞轳、滑车等,单简的薄弱的工具,工作效率,非常低微"[6]。直到20世纪初,上海港才逐步建造了一些小型客运码头,其中5个码头可以停靠国际客船,它们分别是:公和祥码头、太古码头、日本邮船会社三菱码头、亨宝洋行码头、宝隆洋行码头。这些客运码头并没有建立专门的旅客候船设施。当然,上海数量众多且地位重要的码头,绝大多数被外国洋行或轮船公司所把持,完全归中国人所有者极少。

虹口境内的黄浦江沿岸,今称"北外滩",是上海较早的客运基地之一。北外滩,位处虹口区南部滨江区域,东至秦皇岛路,西到外白渡桥,沿黄浦江西岸的江岸线全长约2.5公里。虹口的北外滩在地理条件上,与苏州河南岸的外滩有着极高的相似性。明代时,黄浦江与吴淞江(今苏州河)在北外滩区域合流,二水合力使得该地区江阔水深、江底平实,非常适于停泊船只。19世纪中叶以来,这里因航运之便,得开埠风气之先,逐渐成为近代中西方文明汇聚交融的重要门户。[7]早在1845年,英商东印度公司就在徐家滩(今东大名路、高阳路一带)建造简陋的驳船码头。1860年,英商宝顺洋行建造宝顺码头,长36.9米,为上海第一个轮船码头。1861年,美商旗昌洋行建造旗昌码头,长21.4米,其后又收买宝顺洋行的船只和码头,开辟上海至宁波的定期班轮。1864年,英商蓝烟囱轮船公司重建虹口码头,由驳船码头改为轮船码头。1866年,英商蓝烟囱轮船公司的大型远洋轮船"鸭加门"号首次停泊虹口码头。自此,外贸进出口中心从外滩移到虹口沿江一带。

19世纪70年代初,虹口黄浦江沿岸出现专门经营码头业务的码头公司,虹口的码头无论是数量还是服务质量都有了显著提升。据统计,1870年时,虹口境内沿黄浦江依次建有汇源、怡和、旗记、伯维船坞、顺泰、海津关、同孚、虹口、耶

1928年新建的海关码头

从陆家嘴北望虹口,图中右上方大轮船停泊处的建筑是轮船招商局中栈码头,
其左侧是虹口港以西的日本邮船码头(虹口区地方志办公室　提供)

松船坞、耶松船厂、宝顺、仁记等十几个外商码头和船厂。后
来,随着日商在虹口的集聚和势力的增长,也在北外滩建立
了一些码头。其中,汇山码头属日本邮船会社,也是该会社
在上海最为现代化的码头。杨树浦码头则属大阪商船会社,
是该会社横滨到伦敦航路中重要的停靠点。[8]

　　19世纪70年代,轮船招商局成立后,突破了轮船码头均由外商把持的局面。1874年,轮船招商局收购虹口兆丰路(今高阳路)东侧的耶松旧码头,改建为轮船招商局北栈码头,同年购进耶松老船坞。1877年,轮船招商局又收购旗记码头,把它与耶松老船坞码头连接组成中栈码头。北栈与中栈码头因吃水较深,经常停靠远洋轮船,这是完全属于中国人自己的远洋码头。

抗日战争时期,日军强占中国码头,接管外商码头,码头设施遭到严重破坏。抗战胜利后,这些码头分别由外商和轮船招商局收回,日商码头由中国政府接收,分配给有关部门管理和经营。

战后难民回归,虹口诸码头客运一度繁忙。不久因国民党挑起内战,正常客运受到军运严重冲击。1949年后,经营业务调整,苏州河北岸的客运设施相继撤除。1953年起,各航运企业的客运业务,统由上海港务局代理。1960年,上海港客运站成立,承担上海水上客运任务。

此外,特别需要指出的是,自上海开埠以来,外国船舶往来上海港口者日众,设于黄浦江两岸的码头日渐不能满足各式船舶停靠之需,系船浮筒便由此出现。1855年,美国驻沪领事墨菲向上海道发出照会,要求在长江口两岸设立不同颜色的浮筒灯标,获得同意。此后,吴淞口内外江岸相继设置了多个浮筒灯标,作为航船进出黄浦江的航道和泊船标识。[9]随着进出上海港的船舶增加,黄浦江内开始增设浮筒泊位,供轮船在江中系缆靠泊。黄浦江中的浮筒以锚链沉江的铁浮筒为主,且多为洋行、轮船公司和外商码头所属有。据统计,1875年,黄浦江面共有浮筒泊位17只。1888年上海港共有23只系船浮筒泊位。至1926年时,海关又增设首尾系船浮筒29只。而到1936年时,仅黄浦江西岸虹口境内就有浮筒10只。[10] 很多大型轮船进入上海港后,会停泊于黄浦江中的浮筒泊位,码头上的货物或人员,则由驳船运送至轮船。浮筒泊位的出现使原来泊位紧张的港口码头困窘情况得以纾解,提高了码头使用效率。

截至1948年,虹口境内黄浦江沿岸共有码头9座,如表1。

表1 虹口境内沿江码头表

码头名称	经营单位
杨树浦码头(大阪码头)	中国进出口公司借予美军使用
汇山码头	中国进出口公司借予美军使用
华顺码头(老宁波码头)	英商公和祥码头公司
招商局第一码头(公平路码头)	轮船招商局
虹口码头(公和祥码头)	英商公和祥码头公司
顺泰码头(高阳路码头)	英商公和祥码头公司
马勒码头	英商租与民生轮船公司使用
招商局第二码头(外虹桥码头)	轮船招商局
招商局第六码头(三菱码头)	轮船招商局(借予海军使用)

具体而言,近代以来,虹口境内的码头多为远洋客货航运码头,其中重要的码头主要有9个,其大概沿革如下。

　　杨树浦码头,东起秦皇岛路,西至临潼路,北临杨树浦路,原为一座报废码头。1914 年,日本大阪商船会社买下废码头及约 49 亩的地基,进行重建,并于 1915 年正式营业。1918 年,大阪商船会社又买下与之毗连的平和码头,使码头长度达 260 米。该码头为木质栈桥式固定码头,前沿水深6.4 米。码头后方建有仓库 6 座,可容杂货 1.7 万吨,露天堆场可堆煤炭 3.5 万吨。抗战胜利后,由中国进出口公司接收,并借给美军使用。

　　汇山码头,位于提篮桥南侧。19 世纪 40 年代,英商麦边洋行在此建造浮动码头,后改为固定码头。1903 年,麦边洋行将码头连同其在长江航线上的轮船,以 250 万日元售予日本邮船会社。1913 年重新改造,历时 4 年建成钢筋混凝土码头,全长 260 米,前沿水深达 7 米,是当时日商在上海港最好的码头。码头后方建有仓库 10 座,总容量达 4 万吨,另有露天堆场可堆货 8000 吨。抗战胜利后,由中国进出口公司接收,并借给美军使用。

　　华顺码头,位于公平路东侧,原名宝顺码头。1860 年,英商宝顺洋行建造。1861 年,宝顺码头东侧建造旗昌码头。1877 年,这两码头一并售予轮船招商局。轮船招商局因码头水浅不适用,于 1883 年出售给英商公和祥码头公司,改名华顺码头,又名老宁波码头。华顺码头主要装卸沿海货物。

　　公平路码头,位于公平路西侧。1866 年,美商在该处建耶松船厂码头和船坞。1874 年,轮船招商局收购后,添造栈

1945年,从浦东远眺虹口的轮船招商局北栈,即俗称的公平路
码头(虹口区地方志办公室 提供)

20世纪40年代的汇山码头(虹口区地方志办公室 提供)

房7所,更名为轮船招商局北栈。1875年冬,复在北栈加造栈房7所,并购地11.5亩,建煤栈3所,住房18间。1887年,轮船招商局北栈被江海关指定为关栈(即保税仓库),并在栈内增设起重机械,扩建码头。抗战期间,该码头被日军侵占。抗战胜利后,码头归还轮船招商局,改称招商局第一码头。码头为栈桥式,全长254.7米,前沿水深8.5米,可同时停靠万吨级海轮2艘。码头后方建有仓库27座,可容货物11.5万吨。

虹口码头,始建于1845年,为驳船码头。1864年,英商蓝烟囱轮船公司将驳船码头改建为轮船码头。1870年,复升洋行收购虹口码头,设立公和祥栈房,同时并进毗邻的亚尔芬码头。1872年,虹口码头与同孚码头合并,由于码头内公和祥栈房货物存放日渐增多,人称公和祥码头。虹口码头主要装卸欧美方面的进出口货物和沿海杂货。

高阳路码头,原名顺泰码头。始建于19世纪60年代中期,属英商怡和洋行。后又并入与它建造时间相差无几的琼记码头和亨特码头。顺泰码头主要装卸欧美方向的进出口货物和沿海杂货。抗战时期被日军侵占,战后收回。1949年后,改名为高阳路码头。

外虹桥码头,位于虹口港东侧,始建于1867年,原为美商旗记码头和耶松老船坞。1877年,轮船招商局购得旗记码头,与耶松船坞连在一起改建为钢质浮码头,并建仓库、堆场,定名为轮船招商局中栈。19世纪80年代,和北栈一起

英国怡和洋行在上海的码头

被江海关指定为关栈（保税仓库）。毗邻的耶松老船坞后成为英商马勒码头。抗战时期被日军侵占，战后由轮船招商局收回，改名为招商局第二码头，其中马勒码头租予民生公司使用。新中国成立初期，仍由轮船招商局和民生轮船公司使用。1952年，改名外虹桥码头。

扬子江码头，位于虹口港与吴淞江出口处之间，始建于1862年，原为英商汇源洋行的汇源码头，后归美国太平洋轮船公司，称扬子江码头。1877年，转售于日商三菱公司，改名为三菱码头。1887年，三菱公司归并日商邮船会社，该码头改称日邮中央码头。1916年，日邮收买毗邻的英商怡和码头，两座码头连成一体。抗战胜利后，第一、二号泊位由美军使用,第三号泊位由国民党海军使用。1946 年,归轮船招商局经营,改名为招商局第六码头。1949 年后,由军队使用。

三、船舶及客运服务

上海在开埠前,对外海上交往全靠木帆船,船很小,在运货的同时捎带个别旅客,船上并无专用客运设施。1850 年,首艘开辟上海至香港定班运输航线的"玛丽伍德"号客货船,为钢铁船体,在内部设有少量旅客房间和生活设施,包括床铺、餐具等。该轮船由蒸汽机驱动,功率 184 千瓦,燃料为煤炭,船舷两侧各安装一只明轮,相当于后来的螺旋桨。后来,随着轮船的增加,上海的木帆船急剧减少。当时远洋客货船都以装运货物为主,兼载旅客,而且这些船舶不论是从吨位还是航速而言,都不算先进的。

19 世纪中叶以后,随着欧美工业革命的快速发展,无论是船舶的体量,还是其内部设施,都有了很大的改善。1875 年,由美国万昌轮船公司开辟的上海至日本客运班轮已设置了专门的客房,船舶"皆坚固甚稳,舱位极阔,甚便于搭客"。此后不久,在美国太平洋邮船公司开辟的环球航线中,船上旅客舱室也已划分为头等、二等及统铺,备有宽敞的舱位。与此同时,轮船招商局开辟的上海至日本、东南亚国家及美国等地的客运航线,也制定了严格的《轮船章程》,内容包括验票、补票及结账方式、待客规范、床位分配、伙食供应、卫生要求及安全措施等,各项设施已经非常完备。

20 世纪初,因外国船商垄断的上海远洋客运业务不断拓展,客船吨位不断增加,普遍为一二万吨,有些特大轮船甚至超三万吨。轮船客运设施也逐步改善,不仅设有旅客专用房间,甚至还配备了高档的餐厅和娱乐场所。1933 年,轮船招商局实行国营,新购了"海元"和"海亨"等客船,开通了上海至南洋的航线。这批轮船吨位均超过 3000 吨,功率达 1838 千瓦,主机动力轴承改用米西尔氏单环轮,最大程度减少摩擦;还安装了瑟登式船用烟柜过热器,利用烟囱余热,减少热能损失。船上设有专用客房和旅客生活设施,包括特等客位 14 个,头等客位 52 个,二等客位 28 个,还可载甲板客 900 人。这可以说是大大改善了中国远洋航线客船的条件。

虽然客轮设施有所改善,但黄浦江客运码头的旅客配套服务设施却没有什么变化。据 20 世纪 30 年代初上海总商会的几位会员给公共租界工部局的建议函中描述,此时的上海黄浦江各客运码头,因设施简陋、管理混乱,每当客轮靠岸时,"无论何人,欲自查验室之北面出外者,必经一半阖之门户,此时几全为兜揽生意之脚夫、运货汽车、运货搬夫、旅客之亲友,以及下流游民所包围,情形扰乱,达于极点"。这不仅妨碍了旅客正常的上下船,而且存在极大的安全隐患。具体而言,大致有三个方面的问题:"缺乏分拣行李以便分置于按照英文字母次序各站之地位","旅客争相出入查验室时提挈行李之阻碍"和"混杂于登岸旅客中之搬运行李夫役所用之扁担"。除了妨碍旅客安全外，接人的亲友也苦不堪言。因没有旅客及亲友候船室，在码头等待接旅客的亲友只能群集于查验室外，除非幸运碰到好天气，且客船能按时到港，否则，"夏季须立于烈日之下，冬季须当朔风之冲，而在四季之中，更受冒雨之苦"。[11]因此，整体而言，民国时期上海各客运码头的配套服务还处于非常原始和低级的层次。

抗战结束后，轮船招商局所建的三座客运码头——第一码头（今公平路码头）、第二码头（即外虹桥码头，今上海港国际客运站）、第三码头（今十六铺码头）——建有面积从40平方米至200平方米不等的旅客候船室，里面的设备颇为讲究，地板是打蜡的，还配有丝绒沙发和衣帽间，并提供酒水和菜肴等饮食，服务十分周到，但这些设施都是为官僚买办和巨商富豪准备的，一般旅客是不能进入的。

需要指出的是，近代以来，由于上海港的海关、引水、港口管理等权力全部被英、美等国控制，各国船公司各自为政，港口没有统一完整的管理规则。直到1945年抗战胜利后，中国才收回上海港的部分港口管理权。但由于国民党政府忙于内战，大量轮船用于运送军队，在客运方面并没有制定严格的规章制度，更无专门的管理机构，客运秩序非常混乱，沉船事故时有发生，旅客生命、财产缺乏保障。

言

1933 年上海公和祥码头公司的虹口码头

1933 年上海公和祥码头公司的虹口码头之运货钢架

四、运价

随着以上海为中心的国际航线的不断开辟,各国航运企业之间的竞争也愈加激烈。当时的客运没有统一的价格和规章,价格忽高忽低,极不稳定,市场极为混乱。如1850年开辟英国至上海航线的"玛丽伍德"号轮船,便因支出浩大及政府的补贴没有到位,航线时开时停、极不正常。当时海上客运票价经常变化,当客多船少时运价就会大幅提升,如1861年3月,清军进攻南京,致使长江中游的旅客与货物积压甚多,同时,从国外进口的货物也在上海急待转运,市场上对于船舶的需求量剧增,外国船商借机哄抬运价,从上海至汉口每吨货物运价为白银25两,旅客每人收75两,甚至比上海到英国伦敦的运费还要高很多。但是,当时局平稳时,因竞争激烈,各轮船公司又将运费压得很低。同时,各船公司普遍采用"以货押银,存货借银""免收栈租"等方法,招徕货主。1875年,日本三菱轮船公司与万昌轮船公司展开业务竞争,三菱公司轮船从上海载客驶往长崎,每位收银3元5角,往神户者每位收银5元,往横滨者每位收银7元5角。8个月后,双方的竞争趋缓,航线运价便大幅上涨,上海到长崎客票涨至每位7元5角,到神户者每位13元5角,横滨更是涨至15元。其他各航线的运费价格变化情况,也大体如此。

五、航运企业

近代上海经营远洋航运的企业主要是外国洋行及轮船公司,由于受资金、技术、设备和管理等多方面因素的阻碍,中国独立经营的航运企业,除了1873年成立的轮船招商局外,再无其他企业参与远洋航运业务。

1848年,怡和洋行同香港一些外商合组省港小轮公司,是为外商在中国组建的第一家轮船公司。1873年,怡和洋行又在上海成立华海轮船公司,开始经营上海至汉口的长江航线。1881年,怡和洋行将华海轮船公司和扬子轮船公司合并,组成印华轮船公司,又名怡和轮船公司。经过多年经营和不断扩充,至1933年,怡和轮船公司拥有船舶38艘,共计10.27万吨,此时的怡和轮船公司已经营上海至伦敦、纽约及香港等多条远洋航线。1941年,怡和洋行在华资产被日军没收。抗战胜利后,怡和洋行重来上海,在外滩27号办公,主要经营上海至欧洲航线,1950年后,全部撤离中国大陆。

1861年,美国旗昌洋行驻上海股东经理爱德华·坎宁安在华商中募股白银100万两,于1862年3月成立旗昌轮船公司,购置"惊异"号、"彭布罗克"号、"江西"号等轮船,主要经营长江航运及上海至香港航线。在远洋航运方面,旗昌主要是作为代理商,为法国、美国等国远洋轮船公司代为经营与上海有关的航线。由于经营不善,加之市场竞争激烈,旗昌轮船公司逐渐衰落,终至1877年,以222万两白银的售价售予轮船招商局而告结。

1872 年,英国太古洋行施怀雅在英国伦敦募集 36 万英镑(合银 97 万两)注册成立太古轮船公司,在收购上海公正轮船公司的轮船和码头仓库后,逐步开展中国沿海及沿江航线业务。同时,它还代理远洋轮船上海至香港的航线,逐渐与怡和洋行、轮船招商局三家轮船公司在上海形成三足鼎立的局面。至 1933 年时,太古轮船公司共拥有 67 艘轮船,共计 15.98 万吨。除了经营中国沿江沿海航线外,太古轮船公司还经营上海至南洋、欧洲航线。因其经营有方,船舶新颖,适航性能好,故客户较多。抗战结束后,太古轮船公司在上海中山东二路 27 号办公,主要经营上海至欧洲航线,1954 年,全部撤离上海。

1875 年,日本三菱轮船公司收购美国太平洋轮船公司在横滨与上海间经营的轮船及其在上海的码头等设施。1885 年,三菱轮船公司又与日本共同运输会社合并,组成日本邮船会社,主要经营中国至日本航线。随着日本对中国的不断侵逼,日本邮船会社倚仗日本在中国取得的各种航行特权,大肆扩充,至 1930 年时,该会社共经营远近洋航线 25 条,拥有船舶 116 艘,共计 77.4 万吨。在该会社经营的诸多航线中,就有 2 条航线是赴欧航线。1945 年抗战胜利后,日本邮船会社撤离上海。

1901 年,美国大来洋行开始经营航运业务,后来又归并花旗邮船公司,继承了花旗邮船公司的各条航线。该洋行主要经营中国至美国各条航线,其中有一条是环世界航线,上海是其重要一站,经过苏伊士运河后到欧洲各国。20 世纪50 年代初,该洋行撤离上海。

19 世纪末至 20 世纪初,经营德国至中国航线的德国航运企业主要有北德意志轮船公司和汉堡轮船公司。1884 年,北德意志轮船公司开辟德国至远东的航线,1886 年,该公司的第一艘轮船抵达上海。此后,该公司通过兼并或合办的方式,不断扩大规模,至 1901 年时,该公司已有近 30 艘大型轮船。汉堡轮船公司轮船主要行驶于中国、北美、西印度群岛、南美西岸与澳洲等地,其中经营中德航线的轮船即以上海为基地。

早在 1886 年时,意大利航运公司的远东航线便已驶至上海,每两个月一班。1920 年,意大利邮船公司在上海设立

日本邮船"土佐丸"(左)与"威海丸"(陈祖恩　提供)

分公司,经营上海至的里雅斯特的航线。1927年后,该公司投入更多的新船,并且大幅提升运航能力,主要经营茶叶、芝麻等大宗货物。20世纪40年代末,该公司撤离上海。

　　1873年1月,由清政府内部的洋务派主导建立的轮船招商局正式在上海洋泾浜南永安街挂牌开业,这是中国近代第一家经营远洋运输业的大型轮船企业。轮船招商局采取"官督商办"的经营模式,与英美日等在华航运企业展开竞争。1881年,轮船招商局的"美富"号运载茶叶前往英国,这是该局首次远航欧洲。从其成立至1949年,轮船招商局主要经营的还是中美、中日及南洋等航线,参与欧洲航运活动不是很多。

注　释

1. 综合参考《上海远洋运输志》《上海港志》《上海沿海运输志》《上海通志》《虹口区志》等资料的相关内容概述而成。

2. 《上海劳动状况：第三类：运送业》，《新青年》1920 年第 7 卷第 6 期，第 64—65 页。

3. 不才：《上码头去》(上)，《上海常识》1928 年第 23 期，第 45 页。

4. 傅少伟：《从码头现状谈到码头管理》，《上海警察》1946 年第 1 期，第 67 页。

5. 《上海港史话》，上海人民出版社 1979 年版，第 7 页。

6. 鲁意：《建筑中之上海最摩登的一段码头》，《北辰杂志》1934 年第 6 卷第 3 期，第 16 页。

7. 课题组：《北外滩：赴法勤工俭学海上启航地》，虹口区档案局(馆)、虹口区委党史办、虹口区地方志办公室编：《往事：赴法勤工俭学运动 100 周年纪念专刊》，2019 年版，第 3 页。

8. 陈祖恩：《从虹口走向世界——探寻日商码头与客轮》，虹口区档案局(馆)、虹口区委党史办、虹口区地方志办公室编：《往事：赴法勤工俭学运动 100 周年纪念专刊》，2019 年版，第 51—53 页。

9. 茅伯科主编：《上海港史》(古、近代部分)，人民交通出版社 1990 年版，第 130—131 页。

10. 茅伯科主编：《上海港史》(古、近代部分)，人民交通出版社 1990 年版，第 326—327 页。

11. 《海关码头旅客便利问题》，《上海公共租界工部局公报》1931 年第 2 卷第 50 期，第 633 页。

第

一

章

开 眼 西 洋 觅 新 知

近代以降，海疆复开，中外交通日趋便捷，尤其是欧美等国在工业革命的推动下，社会生产力出现了质的飞跃，整个社会经济呈现出一派繁荣景象。欧美列强的商贸船队，在其坚船利炮的掩护下，不断涌入中国国门。这对于暮气沉沉的晚清政府而言，既是现实紧迫的危机，也是学习仿效的榜样。为了更为深入地了解和学习欧美资本主义国家的科技和文化，国内出现了不同性质和层次的赴欧学习或考察活动，其中既有官方组织的系统性、成规模的青年学子赴欧留学，也有政府选派的各级官员赴欧考察行动，还有中国开明知识分子的个人赴欧考察游学。这些赴欧活动，都在一定程度上实现了近代中国开眼西洋、觅求新知的时代诉求，具有特殊的历史意义。

一、清末旅欧简述

中国人赴欧之历史，早在鸦片战争之前即已有之。在明末清初时，欧洲天主教传教士已成规模进入中国传教，其代表性人物，如利玛窦、庞迪我、汤若望等人，甚至还受到中国皇帝的接见和信任，他们与中国士大夫阶层关系融洽，声望日隆。在此背景下，一些中国信徒随传教士到欧洲学习神学，成为较早的一批旅欧中国人。

清朝康熙末年，因罗马教皇公开要求中国教徒必须放弃本国传统风俗习惯，包括对祖先和孔子的祭祀等习尚，这严重触动了传统中国的礼仪根本，为中国朝野上下所不容，康熙皇帝在震怒之下，直接宣布禁止欧洲传教士在中国传教。此后，虽偶有中国人以各种途径赴欧研习神学，但他们对于欧洲的科技、文化等先进成果，并未有多少关注，遑论引介至中国，故其历史影响和作用极其有限。

1840年爆发的鸦片战争，开始打破中国长久以来实行的闭关锁国政策，中国朝野上下逐渐开始正视急剧变化的近代世界。1851年爆发了洪秀全领导的太平天国起义，给清政府的统治带来了严重的冲击。1856年爆发的第二次鸦片战争，最终以清政府与英法等国签订屈辱的《北京条约》而作结。短短20年的时间内，清政府面临着前所未有的内外危机，曾经自诩天朝上国的迷梦开始醒悟，中国传统的政治、经济、文化和社会等各个方面，也开始发生重大的变化。近代化的转型进程，在缓慢且曲折地进行着。此时，如何求得自身的生存成为清政府首要考虑的关键问题。

位处欧洲的英国与法国，既是欧洲资本主义国家的主要代表，又是两次鸦片战争的主要发动者。这两个大国对于当时的清朝统治者而言,颇有一种难以名状的苦涩滋味。19
世纪60年代,以曾国藩、李鸿章和沈葆桢等为代表的清政府
内部的开明士大夫,开始掀起一场标榜"自强"与"求富"的
洋务运动,试图通过学习欧美等国的先进科学技术,主要是
军工技术,进而实现"师夷长技以制夷"的目的。欧洲,自然
成为清政府学习的重要目的地。

洋务运动发起的时代背景和根本动因,决定了其首先关
注点围绕军工产业和技术的特征。洋务运动初期,中国所办
各类新式企业中的技术人员,大多雇用西方人,但这些洋人
并非全为技术精湛娴熟者,且不乏滥竽充数、挟洋自重者,
时人对此即有评价,"中国所延洋匠,未必通材,往往仅晓粗
工,不知精诣,袭迹象而遗神明"[1]。不仅如此,这些洋匠在
享受中国企业高额薪俸的同时,还态度傲慢、缺乏责任感,
甚至存在随时返回欧洲的不确定性。曾参与洋务事业的郑
观应就直言,中国企业"出样绘图,督造试验无一不资于洋
匠,艺未必皆精,工未必皆勤,而月俸动以数百金计"[2],这些
因素在很大程度上影响了洋务派的企业运转和技术提升。
通过派遣留欧学生来培养中国自己的技术人员,就成为当
务之急。

1875年,福州船政局选派魏瀚、陈兆翱、陈季同、刘步蟾
和林泰曾5人赴欧,到英、法等国参观学习,这是近代以来由
清政府首次选派赴欧游学的先声。1876年,李鸿章亦选派
武弁卞长胜、杨德明、刘芳圃等7人赴德国学习军事,这为后

来清政府有系统、成规模地派遣赴欧留学生积累了经验。

其实,对于由政府出面,有计划、系统性地选派留学生赴欧学习的认识和构想,在清政府内部的洋务派大员中酝酿许久。早在 1871 年,曾创办福州船政学堂、负责培养船政人才的船政大臣沈葆桢,就向清政府提出选派船政学堂优秀毕业生赴英、法两国留学深造,希望以“中国已成之技求外国益精之学”,为中国海军培养更优秀的海军人才。1873 年,沈葆桢又会同各督抚再次上奏清政府,提出分批选派留学生赴英、法两国留学的计划,并且对留学的生源、留学国家和修业年限等具体内容进行了初步规划。这一计划很快得到了南洋大臣李宗羲、北洋大臣李鸿章和陕甘总督左宗棠等洋务大员的积极支持,并且建议设置留学生监督,以便照料和管理留欧学生。

与此同时,沈葆桢指令在福州船政局执教多年的法国教习日意格,草拟赴欧学生出国章程,包括《法学章程》《艺童课序》《艺徒课序》和《英学课序》等内容,对选派船政学生赴欧留学的设想予以明确的计划,这也成为近代中国首个留学欧洲的章程。1876 年,在李鸿章和沈葆桢的督促下,日意格与福州船政总考工李凤苞又在最初的章程基础上进行修改完善,最终形成主旨清晰、内容具体的《选派船政生徒出洋肄业章程》,该章程共计 10 条,涵括了留学生选派标准和名额、华洋监督职责、留学经费、学习任务、日常管理和学习年限等内容,这一章程成为此后清政府历届赴欧留学生派遣

章

李鸿章像

的基本依据。很快,清政府就予以核准,并顺利地与英、法两国就接收中国留学生事宜取得一致意见。[3]

1877年,李鸿章与沈葆桢在福州船政学堂中挑选了30名优秀学子,其中,制造生14人、驾驶生12人、艺徒4人,不久又增派艺徒5人,合计35人,作为中国首批官派赴欧留学生,前往英、法两国学习。这批赴欧留学生在英、法学习3年,于1880年顺利归国。清政府对他们进行综合考察后,认为完全实现了出国时所定之目标和要求。李鸿章更是对这批留欧学子赞赏不已,给予很高的评价。首批赴欧留学生确实出了不少人才,其中就有后来担任清政府海军将领的方伯谦、林永升、萨镇冰等人。这些人中还有一名原本学习船政驾驶,但后来致力于翻译引介西方文化思潮、引导启迪近代中国人更为全面认知西方世界而闻名的学子:严宗光——严复。

1881年,李鸿章又选派船政学堂学生10人,作为第二批赴欧留学生前往英、法、德三国学习。这一批留学生所学专业包括制造、驾驶、营造和鱼雷,经过系统的学习,该批留

1902 年,清政府拟定出洋游学章程

1904 年,清政府练兵处奏请拟定选派陆军学生游学章程折

学生以优良成绩毕业归国。1885 年,在李鸿章和曾国荃等人联名奏请下,清政府又派出第三批留欧学生。该批留欧学生包括天津水师学生 10 人和船政学生 24 人,共计 34 人。这就突破了此前的专以船政学堂福建籍学生为主的模式,加入了北洋方面的力量。该批学子不仅人数众多,而且计划更为周详,学习范围也更为广泛。他们学成归国后,很多都在清政府各部门负责洋务工程和公法译述研究工作。1897 年,清政府再次从福州船政学堂选派 6 名学生,作为第四批赴欧留学生,远赴法国学习。1900 年,庚子事变后,第四批原定学习 6 年的留学生被提前召回国。至此,晚清时期,由政府

章

1906 年,清政府练兵处订定的陆军学堂游学欧美暂行办法章程

1907 年,清政府外务部拟订的贵胄出洋游学章程

1910 年,清政府学部奏请拟定
管理欧洲游学生监督处章程折

组织的有规模、成系统地派赴欧洲各国学习军事科目的留学活动,宣告终结。[4]

　　赴欧学生在英、法等国留学时,不仅要学习各项理论课程,还由清政府延请英国水师炮队教师,专门对其进行炮垒军火、水雷电汽等实践操作方面的培训。尤其是从第二批留欧学生开始,所学课程更为系统、完备。如专攻枪炮者,需学习枪炮军械、熔炼钢料等科目;专攻硝药者,不仅需学习药弹、棉药诸项,更要掌握新药、爆药和造药及锅炉等知识。到第三批留欧学生开始,其学习范围进一步拓展,又包含了海图测绘、国际公法、铁路修筑等知识。随着留欧学生学习范围的扩展,他们的知识结构已不再局限于简单的兵船驾驶等技术层面,而是涵括了欧洲最前沿的科学技术领域,甚至已经触及社会制度层面的知识,这不仅有利于中国留学生专业视野的开阔,更为欧洲先进思潮在中国的播散培养了一批先行者。

　　值得一提的是,清政府为了在思想和行为方面对留欧学生进行严格控制,专门委派两位监督随留学生一起赴欧,一位是中国人,一位是西方人。其中,第一批和第二批留欧学生的华洋监督为福建船政局总考工李凤苞和法国人日意格,第三批华洋监督为福建提调周懋琦和帮办洋员斯恭塞格,第四批华监督为江苏候补知府吴德章。留学生监督负责控制和监管留学生的思想和行为,这在一定程度上妨碍了留学生自我发展的诉求。但也必须承认,正是有了留学生监督的管

章

理,才能及时解决赴欧留学生在学习安排、功课进度,以及日常生活和品行引导等方面的问题,保证了留学生心无旁骛地专习知识,提高了学习效率。[5]

甲午战争后,民族危机空前加重,国内有识之士已将向西方学习的重点由器物层面转向制度层面。1901 年,清政府宣布施行新政。1902 年以后,清政府拟定游学章程,下令各省选派留学生赴英、法、德、比等国,重点学习农工商贸和军事制造,以便为新政的实施培养人才。这一时期,赴欧留学多由地方大员或中央部门选派,学习重点多为军事、实业等急需领域。如 1903 年,两江总督张之洞从江南水师学堂英文班与德文班学生中各选派 8 人,赴英、德两国学习海陆军事技能。1905 年,清政府商部选派一批留学生赴比利时学习路矿。1907 年,清政府陆军部选派 15 名学生入法国陆军大学学习。晚清最后 10 年,清政府派赴欧洲的留学生,主要是在英、法、德、比等资本主义发达国家,其实质是洋务运动时期政府选派留学生赴欧求学活动的延续。[6]

晚清最后 10 年的留欧学生管理,是在洋务运动时期管理留学生经验基础上发展起来的。1900 年,清政府设立管理欧洲游学生监督处,后又要求驻外使臣参与对留欧学生的督察工作,加强对留欧学生的监管。同时,清政府还规定,官派留欧学生在留学期间,不得随意更换专业,不努力学习、惹是生非者,则要强制遣返归国。由于这一时期,留欧中国学生整体数量较少,且有着严格的管理制度,因此,留欧学生多

郭嵩焘像

专注于学业,且多学有所成归国服务于清政府,较少出现倡导革命者。[7]

晚清时期,除了政府组织的青年学子赴欧留学活动外,清政府派出的外交官员赴欧从事外交活动,也是了解和认识欧洲的重要途径。随着中外关系的逐步改善,清政府开始派驻专门外交人员常驻欧洲国家,与诸国正式建立外交关系。1876年,清政府派郭嵩焘为驻英公使,此后,又相继在德国、法国、意大利、奥匈帝国、荷兰、西班牙、比利时、葡萄牙等国或开设外交使馆,或派驻外交公使,或由驻英、驻法、驻德公使兼领负责外交事宜。随着清政府向欧洲各国派出的外交官员数量不断增多,许多外交官员在体验并认识欧洲资本主义社会发展程度的同时,也以日记、游记等方式记录了他们的所知所感。如郭嵩焘将他旅途中的见闻日记抄寄总理衙门,并以《使西纪程》为名刊行于世,在士大夫阶层引起很大的轰动;又如曾任出使英国副使的刘锡鸿驻英时期的《英轺日记》面世,不仅向国内士人介绍了欧洲社会的风貌,也见证了一位传统士子自身思想的转变;再如曾接替郭嵩焘任驻英公使的曾纪泽,曾有《出使英法日记》《使西日记》等刊行,因其出使欧洲长达 8 年之久,故这些日记对于欧洲各方面的介绍也比一般游记要丰富很多。总之,晚清时期派赴欧洲的外交官员在欧洲的活动及其游记日记的出版,成为这一时期向国内知识分子介绍和传播欧洲文明的重要途径。

如果说外交人员是被动出国接触西方事务的话,那清政府选派官员赴欧美游历考察则是积极的主动行为。1866 年 3 月,由斌椿为首的 5 人参观团赴欧游历了法国、英国、比利时、普鲁士和俄罗斯等国,对这些国家的政治制度、经济发展、社会风貌等进行了最为直观的考察。斌椿还撰写了《乘槎日记》,详细记述了他在前述国家考察游历的亲历见闻,并且对欧洲国家先进的物质文明和各国上层社会的日常生活赞赏不已。这在一定程度上为国内知识分子认知欧洲世界提供了一个窗口,引起了清政府内部开明官员对于欧洲社会的极大兴趣。1868 年 2 月,清政府又派出由志刚、孙家谷和蒲安臣率队的 30 人的使团,该使团自上海出发,相继访问考察了英、法、瑞典、丹麦、荷兰、普、俄等欧洲国家,直到 1870 年 8 月返回北京。此次使团出访欧洲,参与人数众,持续时间长,访问国家多,对于清政府更为全面和深入地了解和认识欧洲社会,改变对西方世界的态度和看法,具有重要的影响。

在派遣官吏出国游历的制度建设方面,清政府也逐步完善起来。1887年,总理衙门拟定派遣官吏出国游历章程8条,1904年又提出《鼓励官吏游历章程》,对鼓励和选派官员赴欧美等国进行考察制定了周至完备的计划,其中包括游历国家、游历年限、考察任务乃至考察经费等方面,都有具体的规划。但是,由于当时赴欧美游历考察,"道远费重",加之语言不通,因此,各地各部门选派出国游历者多以日本等较近国家为首选目标,赴欧者较少。

需要指出的是,晚清时期,满族王公贵胄子弟,作为一个特权阶层,也曾兴起过出洋游学的浪潮。尤其是在清政府颁行新政后,选派王公贵胄子弟出国留学成为宗室内部热议话题。1907年,清政府派贵胄子弟赴欧美等国学习军事、法律等,并拟定专门章程、提出具体实施计划。总体而言,晚清时期的贵胄子弟出洋留学,其经费和待遇较为优厚,游学国家以英国、德国和美国为主,学习科目以政法和陆军为重,主要以培养适合晚清宪政变革人才为目的。

当然,晚清时期一些文人学子,出于种种原因,自发地赴欧考察和游学活动,也是近代中国人了解欧洲世界、汲取西方进步思想的重要方式。近代以来,较早以个人身份赴欧求学者,学界普遍认为是与容闳一起赴美学习,并于1849年转赴英国学医的黄宽。1856年,黄宽从英国爱丁堡大学毕业后,返回广州,在博济医院悬壶行医,颇负盛名。1872年,广东南海青年何启自费留学英国,相继在阿伯丁大学、林肯法律学院等校学习。1882年,何启返回香港,在香港创办了玛

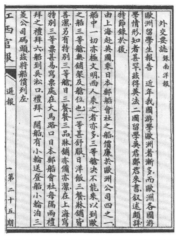

工西官報 選報 一 第二十五期

外交要誌 録南洋報

歐洲留學生報告 近年我國游學歐洲者漸多而歐洲各國游學情形知者甚罕茲得英法二國留學英君鄭君來書叙述頗詳特節録於後

由上海赴英國乘日本郵船會社之船價廉於歐洲公司四之一船中一切亦極文明西人乘之者亦多三等艙決不能乘以到歐之船另有特別三等艙日三餐甚舒服日洋飯三餐林鋪留善潔另有特別三等艙無鋪架及艙位也二等甚暢日三餐三品林鋪亦備亦潔在上海寫拜之禮拜六船到吳淞口禮拜一開船有小輪送登船小輪泊三特別三等景景易寫景處在大馬路口日本郵船會社每隔兩禮拜一開船有小輪送登船小輪泊三

芝公司碼頭茲將船價列左

1904 年,由留学生寄回,在国内刊发的介绍
中国学生留欧情况的《欧洲留学生报告》

丽医院,并附设西医书院,教授中国学生。孙中山、陈少白等
早期革命领导人,都曾在该书院就读。何启后来还曾参与孙
中山策划的广州起义,并负责起草对外宣言。在这一时期的
自发赴欧游历学习者中,有一位秀才出身、经历传奇曲折的
读书人,他由赴欧考察的经历中深刻体认到中西方之间的内
在差距和中国存在的潜在危机,并在归国后竖起了变法维新
的大旗,积极鼓吹变法图强,成为著名的早期维新先驱者,他
就是王韬。

纵观晚清以还,不论是官方组织的赴欧留学生,还是政府选派的外交官员,抑或是个人赴欧的士人学子,虽然他们有着不同的背景、身份和出国目的,他们的思想和知识结构也可能不尽一致,但是,这些并不能妨碍他们出国后对西方世界的全新认知。诚如李侃所言:"一当他们跨出国门,踏上陌生的异国土地,接触到资本主义国家的种种事物,相比之下,就感到中国的经济文化和科学技术的相形见绌了。原来就关心时务、热心富强的,更加感到'泰西'的经济发达、'政教昌明',中国非改弦更张、奋发图强不可了。原来以中国的'礼义忠信'傲视西方的'奇技淫巧'的,在目睹了西方生产技术和科学文化进步的事实之后,也不得不承认原来那些想法的迂阔和偏执了。总之,存在决定意识,这些早期出国的人们思想发生了变化。"[8] 清末不同性质、不同目的和不同方式的赴欧活动,对于中国人认知欧洲资本主义社会,引介和宣传欧洲文化、技术和政俗制度,进而逐步走向世界,都具有非常重要的历史作用。

在清末多种类型的赴欧游学大军中,有些人或是从上海出发,或是归来后一度活动于上海,在引介西方思潮、传播进步文化和开拓近代中国人世界视野方面,与上海结下了深厚且复杂的缘分。其中王韬和严复,便是他们中间极具代表性的人物。

二、从黄浦之畔到英伦三岛：王韬

王韬,初名利宾,后更名为韬,字紫诠,号仲弢,又号天南遯叟、弢园老民。1828 年 11 月 10 日出生于江苏苏州甫里的一乡村塾师家庭。其父名昌桂,字肯堂,因家境清贫,以在村塾教授生徒为业。据说王韬先祖为明代巨族,明末时殉难。有清一朝,王家历代皆以读书习儒为业,在乡间很受敬重。王韬母亲朱氏,也是出身书香门第,对于子女教育极为严格,曾口授《三字经》和《千家诗》给王韬听,还给王韬讲很多民族英雄的历史故事,培养其家国情怀。同时,王韬自幼便随父在本村施氏书塾读书,自 9 岁始,"毕读群经,旁涉诸史、杂说",奠定了其扎实的旧学基础。

1842 年,15 岁的王韬又跟随甫里贡生顾惺读书,阅读了大量儒家经典之外的史籍和诸子诗文集等,传统学问造诣有了进一步的提升。1845 年,王韬以一等第三名的成绩考取新阳县学,时任江南学政的张芾赞赏王韬应试之作"文有奇气"[9]。1846 年,王昌桂赴上海设馆授徒,18 岁的王韬也到距离甫里 20 里外的锦溪书馆授徒。1848 年春,王韬因探望父亲,第一次到开埠后的上海。此时上海开埠已 6 年,海外贸易日兴。王韬初入上海,映入眼帘的黄浦江"从舟中遥望之,烟水苍茫,帆樯历乱,浦滨一带,率皆西人舍宇,楼阁峥嵘,缥缈云外,飞甍画栋,碧槛珠帘"[10],景象与内地迥然不同。王韬在父亲的带领下游览了上海县城,还特地参观了墨海书

王韬像

馆,书馆负责人麦都思以葡萄酒招待了他。在墨海书馆,王韬还参观了活字版机器印书,对于书馆中透亮整洁的工作环境、车轴如飞的工作效率印象深刻。此次上海之行,虽然仅有 3 日,但给予王韬的震撼和思考却不一般。

返回锦溪的王韬,在授徒之余,已开始思考经世济民之策,并反思和批评科举制度。他认为科举考试历代相沿,僵化泥古,不仅不能选拔真才实学者,反而使得士子皓首穷经,消磨意志。但即使如此,王韬还是不能违拗父母的心愿,被迫参加了 1848 年秋天举行的科考,并获得乡试资格。1849年夏,王昌桂在上海病逝,王韬悲伤过度,经秋卧床,但沉重的经济负担使得他不能不振作起来,开始寻求新的谋生途径。

1849 年秋,因上海之行与王韬相识的墨海书馆负责人麦都思知悉了王韬的遭遇,主动两次派人送信给王韬,邀请其赴上海墨海书馆工作。赋闲在家、又面临经济压力的王韬对此非常感动,加之他前次上海之行,对于墨海书馆在编译西书、传播西学的事业颇感兴趣,自己也很想进一步深入了

章

解西方格致之学，因此慨然应允。

鸦片战争前后，英国伦敦布道会派遣一批传教士来华传教，麦都思与马礼逊便是其中的代表人物。他们在马六甲创办首份中文月报《察世俗每月统记传》，用以传播西方文化。上海开埠后，麦都思于 1843 年前往上海，于上海县城老北门附近的大境阁（现黄浦区大境路一带）正式创办英国传教士负责的印刷和出版机构——墨海书馆，主要出版西书、传播西学。1845 年，麦都思将墨海书馆迁址到洋泾浜（今延安东路山东路口）附近，并在其附近开办英华书院。之后墨海书馆的规模和影响力逐步扩大，其业务量也逐渐增多，急需具有深厚学识的中国知识分子来协助工作。

1849 年农历九月，王韬前往上海墨海书馆从事编校工作，并改名王翰，正式开始了其翻译西书、宣传西学的"洋务秀才"的生涯。王韬初到墨海书馆工作时，在虹口租屋居住。1850 年夏间，又从虹口搬至东关外羊毛弄。他还将妻女也接到上海居住，但不幸的是没过多久，其妻便病逝，这给王韬以沉重打击，只能以努力工作来缓解情绪。这一时期，王韬主要协助麦都思修订重译《新约全书》，因王韬古文功底深厚，很快就与麦都思完成了《新约全书》的翻译工作，并于1850 年 7 月出版。这是首本由中英两国文化人士协作完成的《新约全书》，被称为"改正本新约"，因其文字典雅、内容渊博，比此前发行的版本更受欢迎，甚至到 20 世纪 20 年代仍在使用。[11]

麦伦中学 [12]（虹口区地方志办公室　提供）

林乐知像 [13]
（虹口区地方志办公室　提供）

当时的墨海书馆不仅是翻译出版西学书籍的场所,还是伦敦会传教士聚会的场所。近代来华传教士中的代表人物,如伟烈亚力、艾约瑟、韦廉臣、慕维廉和林乐知等人,都曾在墨海书馆工作或居住过,这些人对于介绍和传播西学做出了很大的贡献。王韬因在墨海书馆工作缘故,与上述诸人多有交际,且关系紧密,甚至还合作翻译了很多西学书籍。如王韬和伟烈亚力合译《重学浅说》和《西国天学源流》等书籍,介绍西方物理学、天文学知识;与艾约瑟合译《华英通商事略》和《格致新学提纲》等贸易、科技书籍,普及欧洲贸易和科学知识。据说,王韬和林乐知还互相教授对方中西文学历史知识,王韬后来撰写《美利坚志》和《法兰西志》等介绍西方世界的书籍时,林乐知便负责对其进行审定。

值得一提的是,除了前述传教士外,墨海书馆还网罗一批中国科学家,如李善兰、张福僖、张文虎和管嗣复等人,从事科技书籍的翻译编校工作。这些人传统文化造诣深厚,多有科举不第的坎坷经历,这与王韬有相似之处,加之他们多在上海北门大境阁内居住,与王韬毗邻而居,因此他们时常汇聚一处,探讨学问,并就各自理解的中西文化异同之处发表意见。[14] 久而久之,也在一定程度上增进了他们对西学科技知识的接收和理解。

王韬在墨海书馆工作了 13 年。在此期间,他主要负责将传教士翻译之书进行疏通、润色和编辑。在此过程中,他自然而然地汲取了非常丰富的西方科技和文化知识,自身的

知识结构与思想观念也发生了很大的变化。不过,毕竟王韬
是在传统文化浓厚的家庭和社会环境中成长起来的知识分
子,他在墨海书馆编译的西学书籍,也多是科学技术类的著
作,王韬并没有在西方社会制度和文化思潮方面显示出超越
同时代人的真知灼见。只是在他与上海西人接触日久后,一
些具体事件对他的认识产生了明显的冲击。

据说,王韬的邻居中,有一位美国妇人,家中购有一台
缝纫机,操作便捷,效率极高,1 人可抵中国妇女 10 人,并且
制作的衣服手绢做工精细。王韬闲时曾与朋友多次前往参
观。时间一长,王韬先前对于西方科技的轻视甚至反对的观
点有所动摇,开始真正重视起西学来。此外,王韬久居上海,
患了脚气,溃烂流脓,求医多处,皆不能根治。后来在西人医
院的医治下,很快就痊愈。[15] 这些发生在自己身上的事例,
更加深了王韬对于西方科技的认识,其态度也出现了明显的
改变。

随着对西学知识认识的系统和深入,王韬充分利用墨海
书馆藏书丰富的便利条件,开始更加努力地阅读关于西方的
各类书籍,涉及天文、物理、化学、船政、政治、经济、财政、人
文、军事和历史等,不断汲取西学营养。在西学知识的潜移
默化中,王韬开始将批评的矛头指向中国的封建专制制度。
他认为,中国与西方不仅仅是在器物方面存在差距,西方的
制度也比中国要进步很多,只不过他使用的是"道"这一中
国味十足的名词来命名"制度"层面的东西。他还结合当时

世界潮流与发展趋势,提出了"大同"的命题,认为随着世界各国经济文化交流日益紧密,只有采用西方的政治、文化和科学之"道",才能实现"大同"世界。简而言之,只有学习并效仿西方,对科技、思想文化与社会制度进行全新的改革,才能实现"大同"世界。一是学习,一是改变,这时的王韬思想已初步具备资产阶级维新改良的特征。[16]

19 世纪 50 年代的中国,是内外交困的时代。先是太平天国起义,横扫大半个中国,并在南京建都,形成了与清政府对峙的局面,对清朝贵族的统治造成了严重冲击。1856—1860 年的第二次鸦片战争,中国不仅战败,还被迫签订丧权辱国的《天津条约》和《北京条约》。这种内外局势的变化,都深深加重中国知识分子的民族危机感,也刺激他们开始探寻救国救民的道路。

1858—1859 年,王韬先后多次向江苏巡抚徐有壬、上海道吴煦上书,提出治理西商和进攻太平军的方略,但都石沉大海。1860 年,王韬直接上书两江总督曾国藩,呈上《议剿》《议堵》诸方策,提出了对付太平天国的很多建议,得到了清政府的赞赏,并授予他"督办诸乡团练"的职衔,但王韬对此并不满足。同时,王韬又因吴煦嫉恨其上书曾国藩而被诬陷与太平天国暗通款曲。一系列的内外因素,最终促使王韬开始将上书的对象转向清政府的对手:太平天国。

1861 年冬间,王韬开始与太平军频繁接触,甚至到过太平天国首都天京。看到太平天国也正是急需用人之际,王韬决定放手一试,为太平天国出谋划策,以寻求施展抱负的广阔平台。1862 年 2 月 2 日,王韬以"黄畹"为名,以"兰卿"为字向太平天国苏福省民政长官刘肇钧正式上书,在分析当前内外局势后,提出了攻取上海的具体谋划,同时请刘肇钧将该信函上呈忠王李秀成,在信末王韬还特意加盖了刻有"苏福省黄畹兰卿印信"的长方形篆文印信一方。不久后,王韬上书在战争中被清军缴获,很快就被送至北京。同治皇帝阅后,十分震怒,严令李鸿章捉拿"逆党黄畹"。

此时的王韬虽然更名为王瀚,但他曾用名王畹,尤其是字兰卿,这是人尽皆知的事。加之此前他多次上书薛焕和吴煦等人,笔迹和文风为薛、吴等人所熟识,因此清政府通缉令一下,薛、吴等人都知道"黄畹"即王韬,很快就展开追捕行动。1862 年 5 月 18 日,王韬携妻女 [17],潜回上海,并得到英国驻上海领事麦华陀的保护,在领事馆内居住长达 135 天之久。清政府为了捉拿王韬,通过外交手段向英国驻沪领事施压,并在领事馆和墨海书馆外遍布密探。无奈之下,麦华陀致函香港英华书院院长理雅各,请他接纳王韬。10 月 5 日,王韬孤身乘坐英国"鲁纳"号邮船从上海启程赴港,10 月 11 日,王韬抵达香港,从此开始他 23 年的政治流亡生活。

1863 年 1 月 26 日,王韬妻子林怀蘅偕二女由上海至香港。避居香港后,为了消除影响,王韬再次更名,将此前的王瀚,字子九,改为王韬,字紫诠,号仲弢,又号天南遁叟,在丝丝苦意和无奈中聊以自慰。

英华书院创办于 1837 年,1843 年由马六甲迁至香港,理雅各任院长多年。在他的主持下,英华书院除了培养传教人士外,还培养外语人才,同时也从事一些中西经典的翻译工作。王韬到英华书院后,对于理雅各翻译并传播中国文化经典的行为十分赞赏,开始积极协助理雅各的译述活动。王韬在上海墨海书馆工作 13 年,有着丰富的译校经验,又有深厚的传统文化学养,正是理雅各翻译中国传统经典所需要的人才。因此,在王韬的协助下,理雅各先后翻译了《竹书纪年》《诗经》《春秋左氏传》等传统经典文献,这些译著一经出版,便在西方世界引起轰动,对于欧美世界了解和认识中国文化起到了很大的推动作用。王韬成为理雅各完成中国经典译校工作的不可或缺之人。[18]

王韬到达香港后,其思想状态亦发生了较大变化。当时的香港被割让给英国已 20 多年,英国在此实行殖民统治,在城市建设、贸易发展方面,体现出了与清政府封建统治区域的很大不同。王韬初到香港,看到的是市场繁荣、秩序井然、民生富足的景象,尤其对于英国人设立殖民机构进行统治印象深刻,这促使他思想开始出现转变。与此同时,王韬还结识了岭南地区思想进步、倾心西学的一批知识分子,如容闳、黄胜和包苓洲等人。在与他们切磋学问、探讨西学的过程中,王韬对于西方世界有了更为深入的认识,其思想也变得越来越激进,开始积极宣传学习西方文化的必要性和合理性。他认为中国三千年坚守的典章法度,在这一极具变幻的时代中已不适应,应该通过清政府内部掌握实权的封疆大吏来推行变革,尤其是先要在外交和内政两个方面进行改革,只有如此,才能实现中国的复兴。[19] 此时的王韬,其资产阶级改良主义的思想已愈加清晰起来。

1867年,理雅各回英国省亲,邀请王韬到英国游历,同时协助其继续翻译中国经典。浸润西学已久的王韬也很想亲身赴欧洲诸国参观考察,遂慨然应允。1867年12月15日,王韬离开香港前往英国。王韬赴欧之行,途经新加坡、槟榔屿(今槟城)、锡兰(今斯里兰卡)、亚丁、开罗、亚历山大、墨西拿等地,共计40余日,最终到达法国马赛。在赴欧途中,王韬每到一地,都会登岸参观考察,而且时时以振兴中国为念。如他在新加坡见到已在当地生活达200年的华侨,仍然着中国服饰、沿用中国风俗习惯、对祖国念念不忘时,他内心的自豪感油然而生;再如他在开罗参观时,想到埃及与中国同属几千年文明古国,正是因为埃及闭关锁国和不知变革,导致沦为英国殖民地,仅剩"古坟石椁",在感慨之余,内心的民族危机感愈发加重。

他到达法国后,先后参观了法国的马赛、巴黎等城市,为法国社会的繁华与进步所震撼。他描述马赛城市的建设,"街衢宽广,车流水,马游龙,往来如织。灯火密于星辰,无异焰摩天上。寓舍供奉之奢,陈设之丽,殆所未有",在巴黎"市廛之中,大道广衢,四通八达",每日"车声辚辚,彻夜不绝"。[20] 王韬不仅在巴黎首次观看了电影,还参观了法国"波

章

19 世纪中期的法国巴黎市景

素拿书库"和巴黎自然博物馆,又亲眼见证了拿破仑为炫耀战功而修建的凯旋门,在巴黎罗浮宫和万国博览会会址,目睹了品类齐全、巨细靡遗的珍贵展品。所有的这些见闻,都给他以极深的印象和强烈的震撼。

在法国游览后,王韬横渡多佛尔海峡,抵达英国,开始了其在英国近两年半的译述生活。理雅各的家乡在苏格兰北境克拉克曼郡亨达利镇之杜拉村,王韬抵达英国后,便由理雅各邀请至此,两人一起相继完成了《易经》和《礼记》等中国传统典籍的译述编校。为了方便译校工作,王韬在翻译的同时,还撰写了《春秋左氏传集释》《春秋朔闰至日考》《春秋日食辨正》《春秋朔闰表》《皇清经解校勘记》《国朝经籍志》等书,都有精辟独到的见解阐发。

　　王韬在英国除了从事译述工作外,还常常外出游历考察。在这两年多时间里,他先后两次游历伦敦,三次游历苏格兰都城爱丁堡,还参观了阿伯丁等地的工厂。在伦敦,王韬参观了电报局,对于千头万绪的电报线路,能在很短时间内传递讯息的功能惊叹不已;他看到伦敦市政建设井井有条,市容整洁、街道宽敞,自来水和煤气的使用,更是便利了民众的生活。这些见闻,直接促使他彻底改变了对西方科技不屑一顾的态度。在爱丁堡,王韬参观了医院、印刷厂、浴池等,他还在爱丁堡住过一段时间,亲眼见到上至政府要员,下至平民百姓,男女交际平等友爱,社会风气文明醇厚,且重视教化德泽。在阿伯丁,王韬参观了大理石加工厂、机器织布厂,在苏格兰中部最大城市丹迪参观了纺织厂、制糖厂和印刷厂,对这些实业工厂中高效率的机器生产印象深刻。[21]

　　值得一提的是,王韬在英国的考察游历,并未局限于器物层面,而是已触及英国的社会政治制度。王韬对于英国的"君民共主"的政体颇感兴趣。他在伦敦时,曾专门去英国议院参观,还多次去旁听英国下议院开会。在议院,他看到代表不同社会阶层和团体的人,齐聚一堂讨论国家大事,即使是对外作战,也尽可能地征求各阶层的意见,最终达成众心成城的效果。这种群议国政的景象,在当时封建专制的中国是不可想象的事情,这种现场观摩的经历给王韬以深深的震撼和冲击,极大地提升他对于君主立宪制的兴趣,这也成为他后来不遗余力地鼓吹君主立宪制的重要原因。

可以说，王韬在英国目睹了工业革命以后资本主义在政治、经济、文化等各方面繁荣发展的情况，尤其是现代科学技术对现代文明的促进作用后，更加坚信由蒸汽机制造轮船、火车等现代化的机器，是强国富民之大道。

王韬在英国的两年多时间里，还多次受邀在英国各大学做演讲，宣传中国传统文化。他先后在牛津大学、爱丁堡大学和苏格兰大学讲学，重点为英国学生讲授中国儒家礼制思想，分析"修身齐家治国平天下"和三纲五常的内涵和作用，比较中西之道的不同，并在立足当下世界局势的前提下，展望世界未来发展大势。其演讲洋洋洒洒，纵论古今，结合中西，受到了英国社会的普遍赞赏。必须指出的是，王韬在诸多的演讲中，时刻以高度的爱国主义精神和维护中国人尊严为己任，他多次在演讲中痛诉鸦片对于中国社会的危害，呼吁英国各界重视鸦片问题，一起禁止鸦片贸易。他甚至当着英国资本家的面，陈述鸦片贸易的危害性，希望中英两国互相尊重，能够开展正常、健康的贸易活动，使得在场的英国鸦片贸易商沉默不语。

1870年2月初，理雅各与王韬离开英国，经法国返回香港，结束了他两年多的旅欧生活。从欧洲归来的王韬，已成为一名初具资产阶级改良主义思想的洋秀才，他还自比忧国忧民的"魏默深"，以魏源"师夷长技以制夷"思想的继承者自居。王韬在陈述自己思想转变的历程时，称年轻时仅"思得一通籍，博庭内欢，他非所知耳"，到上海墨海书馆工作时，"但求五百金，可作归耕计"，但是从上海抵达欧洲后，他的内心世界变化剧烈，"初变而为征逐之游……直作信陵醇酒妇人想；再变而殉名利……妄欲以虚名动世"，直到亲身体验观察并深入了解了欧洲资本主义世界的具体情况后，他才真正认识到"士生于世，当不徒以文章自见"，而是应该讲求"经世致用之道"，他内心希望达到的理想世界是"中外辑和，而西国之学术技艺大兴于中土"。[22] 但实际上，王韬此时的思想，已远远超出魏源"师夷长技以制夷"中"中体西用"的粗浅范畴。

归港后的王韬，一边从事世界历史方面的著述和编译工作，一边又创办首家华人自办日报《循环日报》，并且不断撰述变法文章，进一步宣传自己的变法主张。

王韬变法思想的纲领是由"治中"和"驭外"两大部分构成，治中在先，驭外在后，治中是本，驭外是末。所谓"治中"，就是通过变法改良，实现中国内政的治理，其核心是改革封建专制政体和制度，仿行英国式的资产阶级君主立宪政体，变封建君主制为资产阶级的国体。他严厉批驳洋务派"中体西用"论，主张裁汰冗员、改革律例，取消八股取士的科举制度，创设新式学堂，重视西方科学技术的教授，培养真正实用的人才。同时，他提倡训练新式军队，改革兵法，重视海防，增加国防军费。王韬尤其重视资本主义工商业的发展，他提出政府要大力开辟矿源，兴办纺织工业，独立建立铁路和轮船等先进的交通设施，为资本主义市场的形成创造良好的条件。他还借鉴西方先进的商业组织形式,呼吁中国仿效保险业和公司组织,为资本主义经济的发展寻求新的途径。

所谓"驭外",是指通过"治中"实现国家富强后,必须积极开展对外活动,争取国家的独立政治地位,是"治中"的延伸与发展。王韬批评了清政府过分倚仗对外条约来周旋于列强的外交行为,直言"泰西立约不足恃",只有国力强盛,才能保证国家权益不受侵害,不可过分迷信国际公法。他还提出要派遣驻外使臣,一方面可以加强与各国的沟通,另一方面也可以通过使臣了解国际态势,探知各国国情,为朝廷提供决策依据。王韬对于驭外的整体阐释,强调"法须通权达变,不拘成格,先求备览西事,熟谙洋务,熟稔国际知识与国际公法,深揆事务之缓急,而后方可言驭外",但这些操作的前提必须是"在乎自强而已",也就是以自身国力强大作为后盾和基础。[23]

王韬的变法革新思想,是在近代中国民族危机日趋加重的历史背景下,中国先进的知识分子为谋求国家的独立与富强,在顺应历史发展潮流的前提下,提出的具有浓厚中国特色的资产阶级改良思想,代表了近代中国社会进步思想的发展轨迹,对于促进中国社会的"近代化"具有非同寻常的历史意义。王韬的变法思想,是近代中国早期维新思潮的代表,对后来康有为、梁启超等维新派代表人物有很大的影响,他也因此成为近代中国的维新先驱。

1884 年,已旅居香港近 23 年的王韬,在获得清政府默许的情况下,携家眷返回上海,结束了流亡生活。重回上海后,王韬在沪北吴淞江(今苏州河)滨的淞隐庐居住,自号"淞北逸民",开始了新的生活。1885 年,王韬在上海创办木刻活字印书局——弢园书局,主要刊印自己和其好友的著作。1887 年,年近 60 岁的王韬,又主掌上海格致书院。这是近代上海第一所专门研习和传播西方近代自然科学的新型书院,王韬以其深厚的西学涵养和丰富的旅欧经历,执掌该书院,也可谓适尽其才。在王韬任格致书院山长的 12 年间,格致书院迎来了其发展的黄金时期。王韬对书院进行了改革,创建了学塾和考课制,训练西国语言文字,教授机器、舆图、制造、建筑、电气和化学等科技知识。考课命题由王韬及负责洋务的清政府官员所出,内容涉及时务、人才、教育、国际形势、边防、经济,甚至科技等,通过这些考试,不仅引导学子重视西学和时务,还可以搜集有创见的见解和方案,对于当时上海的学风有不小的影响。为了扩大影响,也为了让众多学子仿效学习,王韬还将历年的考课试题和答卷刊印,以《格致书院课艺》发行,一经面世,便供不应求,被多次翻刻。可以说,王韬执掌下的格致书院,成为当时上海乃至全国传播西学、宣传维新变法思想的基地。这一时期,书院人才辈出,很多毕业生后来都成为鼓吹维新变法的骨干力量,甚至有些青年学子还参加了革命团体,成为早期资产阶级革命家。这些青年学子的人生选择,离不开王韬执掌的格致书院的引导和培养。[24]

章

1890 年 2 月 28 日《字林沪报》关于格致书院课艺的报道

1893 年，《万国公报》发表王韬《论宜设商局以旺商务》一文。文中提出设立专办商务机构的意见

　　1895 年，清政府在中日战争中惨败，被迫签订丧权辱国的《马关条约》，中华民族面临空前的民族危机。王韬以年老病躯继续宣传其"变法自强""振兴中国"的主张。值得一提的是，1894 年，年轻的孙中山撰写 8000 余字的《上李鸿章书》时，还请久负盛名的王韬为之斧正润色，王韬欣然答应，并在润色过后写信请其好友罗丰禄代为引介，但李鸿章并未接见孙中山，孙中山也由此失望而转向革命，开始了其职业革命家的生涯。1895 年，因公车上书闻名的康有为也曾赴上海拜访王韬，其变法图强之策受到了王韬的鼓励和支持。[25] 这也是作为维新先驱的王韬在其暮年，以一种特殊的方式在传递其维新变法的内在精神和脉络。

　　1893 年，王韬移居上海城内，在沪西修筑房屋，号曰"城西草堂"，以读书自娱。1897 年秋，自称"不作人间第二流，奔腾万里驾轻舟"的中国早期改良主义思想家、变法维新和君主立宪制的最早倡导者王韬，在其上海城西寓所与世长辞，时年 70 岁。

三、从水师教习到复旦校长：严复

　　严复，初名传初，入仕后更名严复，字又陵，又字幾道，别号尊疑、尺盦、观我生室主人、辅自然斋主人，晚号瘭壂老人，别署天演宗哲学家、译史氏，籍称严侯官，1854 年生于福州南台苍霞洲的一个中医家庭。严复历代祖先皆居于福建，其

章

严复像

曾祖严焕然,为嘉庆年间举人,官至松溪县学训导。祖父严秉符,始行中医为业。父亲严振先,号志范,继承父业,在福州南台苍霞洲设医馆,因医术精湛,闻名乡里。母亲陈氏,普通人家出身。

严复8岁时,因家贫不能进入官学读书,只能入私塾就读。1866年,严振先因病去世,家境更为窘迫,年仅14岁的严复饱受清贫之苦,为摆脱困境,他奋斗不息。

19世纪60年代开始,清政府内部洋务派掀起"师夷长技以制夷"的洋务运动,试图通过学习洋人的先进技术来增强国力、挽救颓势。1866年,在时任闽浙总督左宗棠和洋务派官员沈葆桢的主持下,马江学堂在福州马尾创设,该学堂为福州船政局附设的船政学堂,是以培养船舶制造管理和驾驶轮船人才为目的的专业化学校,也是中国第一所近代海军学校。福州船政学堂招收青年学子的消息传到了严家,严复有些心动了。

当时,一般读书人都是以科考中第为读书的终极目标,但对于承受生活重压的严复来说,如何能尽快谋得职业,解决生活问题是第一要务。最终,在母亲和妻子的鼓励下,1867 年,严复以第一名的优异成绩,考取福州船政学堂,开始了其新的人生路途。

当时的福州船政学堂分为前学堂和后学堂,前学堂学习法文,教授制造;后学堂学习英文,教授驾驶,严复被选入后学堂学习。严复入学福州船政学堂后,在里面接受了系统的近代自然科学知识的训练,包括算术、几何、动静重学、电学、光学、化学、天文学和航海术,同时,又学习了《圣训广谕》和《孝经》等培养传统思想观念的著作。严复在福州船政学堂的学习经历,对于他后来的人生道路具有极其重要的作用。

1871 年,年仅 19 岁的严复以最优等的成绩从福州船政学堂毕业,随即便被派赴福建水师"建威"号练习船实习。与严复同期毕业的学生有刘步蟾、林泰曾、方伯谦、林永升等 18 人,这里面很多人后来都成为清政府海军的中坚力量。1872 年,严复改派"扬威"号实习。在实习期间,严复随实习军舰巡历了新加坡、槟榔屿等地,首次见识了海外风貌。

1871 年,清政府采纳曾国藩等人的建议,首次派幼童赴美留学,这一事件在当时影响很大。1873 年,沈葆桢上奏清政府,请求派留学生赴英、法两国学习制造和驾驶技术,获得清政府批准。在经过一番选拔后,1877 年 3 月 31 日,包括严复在内的首批赴欧留学生从福州马尾乘船,经香港换乘远洋轮船,前往欧洲学习。

诚如西方学者史华兹所指出的,严复在 1877 年赴欧求学深造时,他已经开始了与同时代大多数中国知识分子截然不同的人生道路。因为在福州船政局学习期间,严复在掌握船政驾驶的同时,还初步接触并了解了西方科学甚至是社会制度方面的知识,他懂得英文,又与洋教习相处愉快,一定程度上适应了西方道德与价值生活。[26] 所有这些前期经历,都成为他到欧洲后钻研西方政治制度与社会思想文化的预热准备,更为他返国后从事翻译欧洲学术典章书籍奠定了基础。

首批留学生一到欧洲,就根据各自所学专业不同,派赴不同国家学习。当时法国的造船技术为欧洲之冠,学习制造者就被分到法国学习;英国的海军实力最强,故习驾驶者就被分派到英国海军学院学习驾驶和海军战术。严复便是赴英学习海军中的一员。

严复等人到英国最先进入英吉利抱士穆德学校学习,5个月后,严复与萨镇冰、方伯谦、林永升、叶祖珪、何心川等6人转入格林威治皇家海军学院学习。格林威治皇家海军学院历史悠久,其立校宗旨在于培养多方面才能的海军指挥人员,为英国海军培养了大批优秀的人才,也是英国最早接收中国留学生的军事院校之一。

严复在格林威治皇家海军学院学习的课程分为理论课程、绘图课程和实践讨论3种,理论课程有高等算学、海军战术、海战、公法及建筑海军炮台等科目,绘图课程有绘制炮台图、海道图,实践讨论有讨论国际局势和铁甲船知识。每天早晨6点即到馆听课,每周一、二、四全天上课,周三、五、六上午上课,下午自由活动。授课教师都是在该领域中学养深厚者,在课堂上通过提问、讨论和课后解答等方式,为学生传道授业解惑。严复在紧张的学业生活中,学习异常用功,且善于观察比较,在学习中遇到不懂之处,便经常请教老师,以此探本溯源。随着专业学习和阅读面的增进,严复的西学知识提升很快,视野也不断扩大。[27]最后,严复从格林威治皇家海军学院毕业时,“考课屡列优等”,就是对其勤学苦思的最好证明。

特别指出的是,在英国学习海军驾驶的留学生,大多将时间花费在军舰实习上,唯有严复一人未曾上军舰实习。但也正是这种偏差,使得严复有更多时间读书思考,探寻救国真理。据说,在英国两年多的求学生涯中,严复经常孤身一人,着格林威治皇家海军学院学生服,往来于寝室与图书馆间,他在图书馆里不仅学习海军战术、海战公法、枪炮营垒等知识,还利用课余时间阅读了大量西方人文思想著作,这使得他在专研海军知识的同时,也奠定了扎实的西方社会与文化思想的基础。

严复在英国留学期间,还结识了近代著名的外交家郭嵩焘。1878年2月2日,严复到伦敦公使馆拜贺新春,第一次见到时任驻英公使的郭嵩焘。在这次会见中,郭嵩焘与同来的海军留学生进行了交谈,尤其对于严复关于欧洲人注重体格训练的议论印象深刻。此后,郭嵩焘经常找严复来使馆交流,探讨双方共同感兴趣的问题。据郭嵩焘日记载,从 1878 年 2 月到 1879 年 1 月,近一年的时间里,他与严复至少有 33 次交谈接触,几乎每月至少 3 次,两人交流之频繁由此可见。[28]

郭嵩焘与严复对于西方的政治、经济、文化及社会制度的认知,有着很多共识,这使得他们相交甚欢。如对于英国资本主义经济的发达、城市建设和管理的先进,两人都十分艳羡,渴望中国也能如此学习。严复考察了英国的司法制度,认为英国司法制度中的辩护律师,有助于案件公正处理,保证公理日伸、民安其所。他进而认为,中国贫弱的根源在于政治制度的落后,只有实现英国式的资产阶级立宪政体,君民一心,才能推动社会的进步。在对中英政体的认识上,郭、严两人有着高度的一致性。此外,聪颖好学、英文功底扎实的严复,在西学知识方面给了不懂英语的郭嵩焘很多帮助,一般都是他将各种科学原理讲述给郭嵩焘听,郭再对此进行评论。两人就在此种模式中,如切如磋,共同进步。

1878 年 7 月,在赴欧留学监督李凤苞的带领下,严复与方伯谦、萨镇冰等人赴巴黎进行考察。时郭嵩焘也在巴黎,便以公使身份招待严复一行人等。在巴黎一个多月时间里,郭嵩焘与严复多有交流,两人还一起参观了巴黎的许多著名景点。在巴黎阿伯勒尔发多阿天文馆,他们观看了天文台望远镜,了解望远镜的结构原理,增长了天文知识。在参观巴黎下水道和凡尔赛宫时,他们被壮观宏伟的设施与建筑所震撼,被欧洲资本主义社会的发展潜力所折服。这次偶遇中的同游参观经历,使得郭嵩焘与严复对于西方世界的认识不再停留于书本和理论层面,而是实地考察、亲眼所见、亲耳所闻。[29]

1879 年 6 月,严复因成绩突出,在未完成 3 年满期留学计划的情况下,被福州船政局黎兆棠调任回国,充任福州船政学堂教习。与此同时,清政府也意识到建设现代海军的重要性,各地受福州船政学堂成绩的启发,纷纷加入建设海军的浪潮,沿海沿江各省份陆续建立了一批水师学堂,且多以福州船政学堂为样板。1880 年 4 月,李鸿章在天津筹办天津水师学堂,专门致函黎兆棠,请将严复派赴天津充任教习。严复受命离开福州船政学堂,北上天津,开始其在天津水师学堂近 20 年的教书生涯。

天津水师学堂,由李鸿章创办于 1880 年,仿照福州船政学堂所建,以为北洋水师培养海军人才为直接目的。1880年严复到天津后不久,即被委任为天津水师学堂总教习,而此时的水师学堂尚在建设当中。1881 年 7 月,天津水师学堂校舍落成,正式开始招生。

天津水师学堂坐落于天津城东八里,紧邻天津机器制造局,堂室宏敞整齐,校内还建有观星台一座,以便学习者登台观测。该校学制为 5 年,中间不得告退及请假婚娶,5 年期满后,方可参加科举考试。学堂分设驾驶班和管轮班,学习课程有英文、几何、天文、海上测绘、物理学、桥梁学,甚至还

1891 年福州船政局考取学生的新闻报道

1890 年关于严复主持的天津水师学堂的相关报道

有陆军兵操、枪炮法理、弹药及引信法理等课程。各班设正教习一人,由洋人充任,每日还要在教习的带领下训练外国水师操法。学堂前四年主要是理论课程的学习,第五年为在船实习。[30] 可以说,天津水师学堂的学生就是在中西并举的原则下开展水师人才的培养。

严复在天津水师学堂的官职为武职都司衔,属正四品官阶,他在实际上承担着学堂的领导工作。天津水师学堂自1881年开办,到1900年停办,共毕业210名学生,为北洋舰队培养了大批技术骨干。这些成绩的取得离不开严复的悉心规划与教导。

严复在天津水师学堂总教习任上一干就是8年,1889年由李鸿章提升为会办水师学堂,相当于副校长。1890年,李鸿章又提拔他担任总办,即水师学堂校长。由于严复不屑晚清官场套路,李鸿章也对严复狂傲与好发议论有所不满,故两人最多仅是一般的上下级关系,严复在北洋水师系统中,是"不预机要,奉职而已"。

严复虽然留学欧洲,学贯中西,但他缺少正式的科举功名,这使得他再好的见解和宏论,都无法引起清政府中央的重视。而久浮官场之中,也多少刺激了他对于科举功名的热望之情,故在执掌天津水师学堂的同时,他开始尝试通过科举考试来改变自己怀才不遇的困境。1885年,严复回原籍福州,首次参加科举乡试,落榜而归。此后,严复先后参加了顺天乡试、光绪大婚的恩科乡试都未中第。1893年,41岁的严复最后一次参加福建乡试,再次落榜,此后他永远告别科场,不再参考。

1894年爆发的中日甲午战争,使得严复将目光由自己的人生事业转向了国家的前途命运。战争爆发后,严复密切关注着战局动态,当年一起赴欧的同学中,就有多人参与此役。对于方伯谦的临阵脱逃,严复斥其为无赖行为。但是,对人微言轻的严复而言,再多的关注,都无法改变清政府战败求和、割地赔款的命运。《马关条约》的签订,直接促使他将目光转向西学。他开始努力研读西书,翻译西书,试图通过译介西学书籍,为救国救亡寻到另一条途径。

甲午战争后,严复积极宣传维新改革、变法图强。他先后发表《论世变之亟》《原强》等系列鼓吹变法文章,并赞助或直接参与维新事业,创办《国闻报》,设立天津俄文馆,在维新变法时期,还公开发表《拟上皇帝书》,试图通过上书言事的方法来实现自己的政治抱负,严复甚至还受到了光绪皇帝的接见。但这一切,都随着戊戌政变的突然发生而戛然中止。

严复对近代中国影响最大的贡献,便是翻译并出版赫胥黎的《天演论》。早在英国留学期间,严复便已知道达尔文和其《物种起源》一书。当时的英国学界,正是进化论风行的时代。酷爱阅读西方人文社科著作的严复,也在这一时期阅读了达尔文、赫胥黎、斯宾塞等人的著作,初步了解并接受进化论的理论观点。

　　赫胥黎的《天演论》,原名《进化论与伦理学》,是赫胥
黎在牛津大学宣传达尔文主义的演讲集,1894年出版。他
的核心观点是:强调宇宙是不断变化的,没有一成不变的东
西,自然界的生物也是不断进化的。他认为生存竞争是生物
界的最大特点,只有努力在竞争中适应环境的要求才能最终
保存下来。在生物界中,各种生物之间都是互相竞争的,这
其实就是生物之间的一种选择。在自然界中,最后生存下来
的生命类型,都是最适应于某一个时期所存在的环境条件
的,它是这方面的最适者。这个观点被严复概括为"物竞天
择,适者生存"。赫胥黎还将这种自然界中生存斗争的进化
论引向社会,他以西方资本主义向殖民地掠夺的过程为例,
说明殖民者征服被殖民者,开拓殖民地,就如同自然界生物
间生存竞争一样。他将殖民者与本地人视为先进文明与落
后文明的代表,当殖民者在精力、智慧与能力等方面超越本
地人时,他们就会成功,反之则会被本地人所消灭。赫胥黎
将人类社会的生存竞争,归结为智力的较量,认为只有掌握
丰富的知识,不断提升自身文化素质,才可以在人类社会的
发展竞争中成为优胜者。从本质而言,社会达尔文主义将殖
民者侵略弱小民族,与自然界中弱肉强食、物竞天择混为一
谈,成为强权主义的理论根据。但在当时的中国,它却起到
了很大的积极作用。[31]

　　赫胥黎的这套理论,在近代西方文明占据世界支配地位
的时候,极易使被殖民的人民产生民族或种族危机感,且将

《政艺通报》1903 年第 2 卷第 3 期发表
的时人关于《天演论》的讨论

1904 年,《新民丛报》对于严复翻译的
《原富》一书的介绍

消除此种危机的目光转向学习西方文明。近代中国,在西方列强的不断侵略下,国权日丧,国力日衰,尤其是甲午战争中的惨败,更是加剧了中国人的民族危机感。面对中国瓜分豆剖的危机局面,从物竞天择、优胜劣汰的自然规律出发,强调革新自强、团结自保的生存之道,就成了必然。严复翻译的《天演论》,就是在这样一种历史背景下出现的。

1896 年夏,严复用时数月,将赫胥黎的《进化论与伦理学》翻译为中文,并以《天演论》为名出版。严复译著《天演论》的根本目的,在于启迪民智,用进化论"物竞天择"的理论启发中国人民的觉悟,使国人明白为了在世界民族丛林中得以生存,必须自立自强,通过变法图新,以挽救国家的危亡。1898 年,《天演论》由天津嗜奇精舍石印出版。该书一经出版,很快就风行海内外,先后被再版数十次,严复概括的"物竞天择,适者生存"的观点广泛流传,成为激励中国人民奋发图强的理论武器,在近代中国起到了振聋发聩的作用。[32]

从翻译赫胥黎《天演论》始,严复翻译了大量西方经典学术著作,通过这些著作,他广泛宣传进化论,鼓吹民主制度,倡导科学精神,成为近代传播西学第一人。1901 年,严复在上海译完亚当·斯密的《原富》一书,并由南洋公学译书院正式出版发行。该书强调工场手工业分工的优越性,批判只有农业才是创造财富的偏见,这也是他翻译的诸多经典西学著作中字数最多者,有 55 万字左右,包括 6 万多字的按语,这些按语是反映严复反对外国经济侵略的爱国思想的具体体现。他试图通过介绍《原富》的观点，来批判清政府洋务派官僚把持国家经济的行为，主张通过经济自由，释放经济活力来富国强民。严复于此书极有信心，在给张元济的信中就曾直言："此书系要书，留心时务、讲求经济者不可不读"，"后事之师，端在于此"。[33]

也是在1898年，严复还开始翻译英国哲学家斯宾塞的《群学肄言》，并于1903年由上海文明编译书局出版。该书是一部社会学的入门著作，原名《社会学研究法》。严复翻译《群学肄言》目的在于从社会学入手来解决中国的社会问题。1904年，严复翻译的英国学者甄克思的《社会通诠》出版，向中国人介绍人类社会进化规律。这些社会学的译著，在很大程度上也是向中国人介绍了西学研究的门径之法。

1903年，严复翻译的英国哲学家约翰·穆勒的《群己权界论》由商务印书馆出版。严复翻译该书，是想阐释清楚群体与个人权利的界限，说明什么必须自由，什么不能自由，这对于当时思想界"自由"一词的混乱认识有一定的纠偏作用。1904年，严复翻译的法国思想家孟德斯鸠的《法意》陆续出版，并附有《孟德斯鸠列传》于卷首。严复在《法意》译著中，说明了国家建立法制的重要性，介绍了当时西方世界的3种国家法制类型。他赞扬欧洲的民主制度，介绍西方国家的自由，联系中国现实，提出国人力争自由必须群策群力、实行地方自治。他借《法意》再次阐释爱国主义教育的重要性，认为只有使得国民都关心国家命运、群策群力，才能最终实现国家的独立与富强。

严复在翻译西方政经哲学著作的同时,还将西方的逻辑学名著也引介到中国来。1902 年,严复翻译了英国逻辑学家约翰·穆勒的《逻辑学体系:演绎和归纳》,并以《穆勒名学》为名出版。《穆勒名学》介绍了西方逻辑学中演绎与归纳的概念,严复在翻译过程中还对里面的某些论断提出了自己的不同看法。1908 年,严复又翻译出版了英国逻辑学家耶方斯的《名学浅说》,该书以通俗语言介绍了西方形式逻辑的内容,对归纳法和演绎法的基本思想进行系统阐述,对于西方逻辑学的引入和普及具有积极的作用。

1900 年,八国联军入侵中国,北方动荡不安。在此背景下,严复结束了其在天津水师学堂近 20 年的教书生涯,离开天津,南下上海。在此后的 20 多年里,他东奔西就、北上南下,参与了一系列重大的历史事件,虽然在袁世凯称帝等事件中起过一定的历史反作用,但是其在上海的重要活动多为正面积极的。在这些活动里,他有时扮演了开启民智的领袖,有时充当了教育领域的执牛耳者,有时又作为历史转折时刻的参与者与见证者。

初至上海,严复在闸北长康里租赁了一所房子居住。因为之前已经阅读过西方逻辑学的经典著作,具有一定的逻辑学基础,严复便在上海举办"名学"(逻辑学)报告会,向上海知识分子宣传逻辑学,受到社会的一致好评,这场报告会甚至被人们视为西方逻辑学引入中国之始。

1903 年,对严复翻译的《群学肄言》一书的介绍

1907 年,两江总督端方向清政府奏请下拨复旦公学常年经费折

　　1900年,唐才常在上海以"救国保种"为号召,邀请各界进步名流在上海张园召开"国会",即"中国议会",赴会者达数百人,当场推举容闳为临时会长,严复为副会长,唐才常自任总干事。在会上,宣布"中国议会"宗旨为三条:一是保全中国自主之权,二是反对满洲政府统治中国之权,三是请光绪皇帝复辟。[34] 据当时与会的章太炎回忆,"中国议会"的宣言宗旨是由容闳用英文草拟,然后由严复翻译成中文予以公布的。可以看出,参与"中国议会"者普遍具有反对清政府统治的革命思想,严复等人也在这一动荡时期,以中英文正式向世界宣告他们的政治主张。

　　1900年8月,成立"自立军",谋划在长江流域起事的唐才常被湖广总督张之洞逮捕后杀害。根据搜获的证据,张之洞知晓了严复参与"中国议会"以反对清政府的事情,但他出于惜才目的,并未将此事上报清政府。之后,虽然清政府下令严查"自立军"起事的主要领导人名单中没有严复的名字,但他还是受惊不小,此后小心翼翼地躲在上海租界,从事翻译西学著作聊以自遣。

　　1901年3月,严复应开平矿务局督办张翼之邀,离开上海,赴天津主持开平矿务局事务。1902年他又应聘担任京师大学堂编译书局总办,主持制订《译书局章程》,并且编辑出版中国最早的英文语法书籍《英文汉诂》,对于规范后世英文翻译做出了很大贡献。1906年9月,甫由欧洲协助张翼处理开平矿务局产权交涉归来的严复,接受安徽巡抚诚勋之邀,赴安庆担任安庆学堂监督一职。旋因严复在该校厉行改革,激起地方守旧士绅的反对,在执教不到一年后,他就被迫辞职。

其实,在严复担任安庆学堂监督的同时,他还担任上海复旦公学校长一职,这一时期他常往返于安庆与上海之间。1905 年,上海震旦学院外籍教士因擅自更改办校方针,引起该校学生不满,以退学表达抗议。时任震旦学院监院的马相伯,在两江总督周馥的支持下,筹款辟地,另建复旦公学。马相伯任校长,李登辉为教务。翌年,马相伯因参与改良派组织政闻社,赴日本进行考察,复旦公学校长一职空缺。经复旦一再邀请,严复于同年 11 月接任复旦公学校长一职。据说,马相伯邀请严复出任复旦校长,还发生过一段很有意思的故事。马相伯向严复首次提出担任复旦校长的请求后,严复并不愿意夺人之美,坚不受命。马相伯便以借阅严复案头《庄子》一书为由,请其赴复旦校园一游。当严复到了复旦校园后,马相伯却声言要用校长一职来换严复的《庄子》,且告诉严复,他已经向全体师生宣布了此事。看着既成的事实,严复无奈只好就任复旦校长。[35] 这其实也说明了严复在当时的教育界有着很高的声望,为业界所推崇和认可。

当时的复旦公学,经费短绌,场地狭仄,学校财务管理混乱不堪,甚至连教员薪水都无法按时发放。严复上任后,先是多次前往南京谒见两江总督端方,申请经费,又整顿校内财务管理,并将涉嫌贪污的两名庶务予以开除,加强校务管理。严复执掌复旦公学期间,对于校务殚精竭虑,倾注了大量心血。他尽量隔日就到校巡视一次,甚至亲自批阅学生的翻译作品。他还以身作则,严厉斥责当时学校中存在的人情或裙带关系,强调并切实执行优胜劣汰的竞争管理制度。经过严复的厉行整顿,复旦公学整体面貌有了很大改观,开始正常上课。但是,执掌一所学堂,毕竟不同于翻译西学或驾驶海轮,它牵涉方方面面的问题,尤其是经费问题。随着复旦公学渐上轨道,其学生数量也在不断增长,不论是办学经费,还是教学场所,都愈加紧缺。1907 年 4 月,严复再次赶到南京,向两江总督汇报学堂面临的困难,请求予以帮助。但是,这次没有得到满意的答复。同年夏,严复正式辞去复旦公学校长一职。严复在上海的短暂执教生涯至此结束。[36]

1908 年 7 月,严复应直隶总督杨士骧之邀,由上海至天津充任“新政顾问官”,再次离开上海北上。1909 年,严复又应学部尚书荣庆之聘,担任学部审定名词馆总纂,而且一任就是 3 年,直到清朝覆亡。

1911 年 10 月,武昌起义敲响了清王朝覆灭的丧钟。清朝王公贵戚在来势汹汹的革命浪潮面前,毫无应对之策,被迫重新起用袁世凯。1911 年 11 月 1 日,清政府宣布由袁世凯担任内阁总理大臣,随即由袁世凯组织责任内阁。南北两方军队在武汉鏖战多日,损失惨重,最终双方选择谈判。1911 年 12 月初,在北京的严复被袁世凯任命为北方谈判代表团的代表,前往上海与南方革命党代表展开谈判。

严复条陈教育手迹

　　严复与袁世凯相识很早。在严复担任天津水师学堂总办时,就与时在天津小站练兵的袁世凯相识。也就是在这时,袁世凯发现了严复非凡的才华与能力,后来曾多次欲将严复延揽至府中以作幕僚,但均被严复婉拒。后袁世凯被载沣罢官,严复曾以"此人国之栋梁,奈何置之闲散"叹之,表达了对清政府的不满。然也正是此举,让袁世凯感动不已,这也是民国初年袁世凯厚待严复的重要原因。

1911 年 12 月 17 日,严复随同北方议和代表团共约 40 余人到上海,与南方代表正式开始议和。严复到上海后,住静安寺路沧州旅馆,其他各代表也各有所居。但是,在当时革命形势瞬息万变、人心动荡的时刻,前来的议和代表大多各怀打算,并没有认真谈判。学者徐立亭从严复的日记中梳理出此段时间他在上海的活动轨迹:18 日会老友,19 日汇款、发电报、还账、购物、定回京船票,21 日会老友,22 日访老友,23 日到仁记路开平公司询问船票事宜、访老友。严复在上海的几天时间,基本都是忙自己的私事,并没有真正参与到南北议和的核心事务中。[37]

1912 年 1 月 1 日,孙中山就任中华民国南京临时政府临时大总统。袁世凯为了窃取革命果实,遏制南方革命势力增长,开始胁迫清帝退位。同时,袁世凯直接致电南方代表伍廷芳取消北方议和代表,上海的南北议和也就此终结。因此,严复虽然在南北议和中被袁世凯派为福建省代表参与议和,但是在当时的历史条件下,包括严复在内的各省议和代表,大多未切实参与议和的核心事务,更多只是装点门面而已。在从上海返回北京后,严复就将个人的筹码押在了袁世凯身上,开始积极为袁世凯出谋划策,成了袁世凯身边的红人。

1912 年 2 月 15 日,南京临时参议院的十七省议员共同选举袁世凯为中华民国临时大总统。2 月 26 日,袁世凯任命严复暂管京师大学堂总监督事务。第二天,严复就正式接任掌管中国当时的最高学府：京师大学堂。但是，严复在这一职位上并没有干多久，同年 10 月就被迫辞职。后来，严复相继担任过海军部编译处总纂、总统府外交法律顾问、约法会议议员、海军部一等参谋官等闲职。

1915 年 8 月，严复被杨度等人推列为筹安会发起人，名义上参与了推动袁世凯称帝的活动。1916 年 6 月，袁世凯在全国一片反袁声浪中黯然病亡，筹安会诸领导人受到北洋政府通缉，严复也只能隐居天津，并且以"当断不断，虚与委蛇，名登黑榜，有愧古贤"来做苍白的辩解。此后，严复因沉疴渐重，往返于北京、上海与福州等地治病，基本退出了历史的舞台。

1921 年 10 月 27 日，69 岁的严复病逝于福州城内郎官巷寓所。

注 释

1. 顺天府府尹胡燏棻条陈:"变法自强事宜",光绪二十一年(1895年)闰五月,光绪政要第21卷17册第17—18页,陈真编:《中国近代工业史资料》第3辑,生活·读书·新知三联书店1961年版,第15页。

2. 郑观应:《盛世危言》"船政"第6卷第50页,陈真编:《中国近代工业史资料》第3辑,生活·读书·新知三联书店1961年版,第15页。

3. 李喜所主编,刘集林等:《中国留学通史·晚清卷》,广东教育出版社2010年版,第141—148页。

4. 李喜所主编,刘集林等:《中国留学通史·晚清卷》,广东教育出版社2010年版,第149—160页。

5. 黄新宪:《中国留学教育的历史反思》,四川教育出版社1990年版,第37—39页。

6. 黄新宪:《中国留学教育的历史反思》,四川教育出版社1991年版,第59—61页。

7. 黄新宪:《中国留学教育的历史反思》,四川教育出版社1991年版,第63—65页。

8. 《李侃序》,钟叔河:《走向世界:中国近代知识分子考察西方的历史》,中华书局1985年版,第3页。

9. 张志春:《王韬年谱》,河北教育出版社1994年版,第10页。

10. 王韬:《漫游随录》,钟叔河主编:《走向世界丛书》第一辑第6册,岳麓书社1985年版,第58页。

11. 张志春:《王韬年谱》,河北教育出版社1994年版,第22页。

12. 麦伦中学由英国基督教育伦敦会创办于1899年,原址在兆丰路(今高阳路)690号。英文校名取自伦敦会来上海第一人麦都思(1769—1857),麦都思也是今上海仁济医院的始人;中文"麦伦"则取麦都思和伦敦会的首字。学生以华人子弟为主。太平洋战争后,学校被日军占领并改为关押英美侨民及犹太人的集中营。新中国成立后改名为继光中学。

13. 林乐知(1836—1907)为美国基督教监理会传教士,是对中国近代最有影响的外国人之一。1860年到上海,任《上海新报》编辑,1864年任上海广方言馆英文教习,并参加江南制造局翻译馆译书工作。1868年创办中文期刊《中国教会新报》,后该报改称《万国公报》,是当时影响最大的报纸之一。1889年,该报成为广学会刊物。1881年,林乐知创办中西书院。

注　释

14. 忻平:《王韬评传》,华东师范大学出版社 1990 年版,第 32 页。

15. 忻平:《王韬评传》,华东师范大学出版社 1990 年版,第 42—43 页。

16. 忻平:《王韬评传》,华东师范大学出版社 1990 年版,第 45—46 页。

17. 1852 年,经人介绍,王韬续娶福建泉漳会馆董事林益扶之女林琳。婚后,王韬为其取字"怀蘅",以示对亡妻的纪念。

18. 忻平:《王韬评传》,华东师范大学出版社 1990 年版,第 75—79 页。

19. 忻平:《王韬评传》,华东师范大学出版社 1990 年版,第 85—87 页。

20. 王韬:《漫游随录》,钟叔河主编:《走向世界丛书》第 1 辑第 6 册,岳麓书社 1985 年版,第 82、84 页。

21. 张志春:《王韬年谱》,河北教育出版社 1994 年版,第 91—92 页。

22. 忻平:《王韬评传》,华东师范大学出版社 1990 年版,第 102 页。

23. 忻平:《王韬评传》,华东师范大学出版社 1990 年版,第 123—133 页。

24. 忻平:《王韬评传》,华东师范大学出版社 1990 年版,第 207—228 页。

25. 忻平:《王韬评传》,华东师范大学出版社 1990 年版,第 232—233 页。

26. [美]史华兹:《寻求富强:严复与西方》,周文彬译,江苏人民出版社 1996 年版,第 25 页。

27. 徐立亭:《晚清巨人传:严复》,哈尔滨出版社 1996 年版,第 58—59 页。

28. 徐立亭:《晚清巨人传:严复》,哈尔滨出版社 1996 年版,第 70 页。

29. 徐立亭:《晚清巨人传:严复》,哈尔滨出版社 1996 年版,第 76—81 页。

30. 徐立亭:《晚清巨人传:严复》,哈尔滨出版社 1996 年版,第 105—106 页。

31. 徐立亭:《晚清巨人传:严复》,哈尔滨出版社 1996 年版,第 245—250 页。

32. 徐立亭:《晚清巨人传:严复》,哈尔滨出版社 1996 年版,第 274 页。

33. 刘青松:《天朝的天窗:晚清最后十年报刊风暴》,上海三联书店 2012 年版,第 40 页。

34. 徐立亭:《晚清巨人传:严复》,哈尔滨出版社 1996 年版,第 354 页。

35. 王俊义、黄爱平、冯广裕主编:《中华英杰》第 3 卷,浙江少年儿童出版社 1995 年版,第 426 页。

36. 徐立亭:《晚清巨人传:严复》,哈尔滨出版社 1996 年版,第 403—407 页。

37. 徐立亭:《晚清巨人传:严复》,哈尔滨出版社 1996 年版,第 446 页。

第

二

章

探 求 真 理 辟 新 途

一、20 世纪 10—20 年代赴法勤工俭学浪潮

近代以来,在中国赴海外留学的发展史上,无论就学生人数和时间集中来说,还是从社会影响与历史作用而言,民国初年的赴法勤工俭学运动绝对是首屈一指的。它的发生,有着深刻的时代背景因素。

首先是留欧先驱的鼓动宣传与组织领导。自清末出国留学成为潮流后,很多年轻学子便怀揣救国救民或提升自我的目的赴海外留学,但限于经费短绌,部分学子在学业之余只能到工厂或农场做工,以减轻经济压力。吴稚晖、李石曾、蔡元培等人在欧洲留学时,都曾因经费不足而有过打工赚取学费的经历。辛亥革命后,吴稚晖、李石曾等人于 1912 年 2 月在北京发起留法俭学会。他们认为,赴欧留学是输入近代世界文明的捷径,并提出"以节俭费用,为推广留学之方法;以劳动朴素,养成勤洁之性质"的口号,呼吁众多学子赴法俭学,同时还创办留法预备学堂,作为培养赴法留学人员的专门机构。此后,随着赴法留学浪潮逐渐扩展,在李石曾、蔡

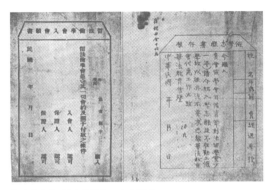

华法教育会、留法俭学会入会志愿书

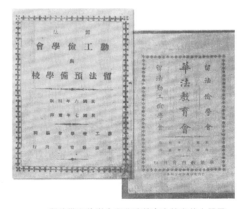

留法勤工俭学会和华法教育会的宣传小册子

章

元培等人的主导下,于法国又相继成立了留法勤工俭学会和
华法教育会,以增进中法友谊、提升华人知识为宗旨。此外,
还在国内重要城市如上海、北京、成都、广州、保定等地设立
分会和留法预备学校,以法语启蒙和速成技校为重点,作为
培养赴法勤工俭学生的基地,在赴法勤工俭学运动中发挥了
重要作用。

其次是因应救亡图存的时代要求。民初以来,帝国主义
纷纷扶植各派军阀作为自己在中国利益的代言人,导致军阀
混战、民不聊生、国势日益颓废,这就激起了青年学子强烈的
救亡图存的爱国热情。新文化运动时期,西方各种新式思潮
不断涌入中国,如当时盛极一时的空想社会主义、新村主义、
泛劳动主义、工团主义等,有力地激发了青年学子赴国外寻
求救国救民真理的欲望。当时的欧洲各国中,作为民主共和
制的法国,有着悠久的民主革命的历史,绅民阶级和宗教绅
权也相对较弱,且其自然科学与社会科学在欧洲都属一流,
自然成为众多学子留学的首选之地。

最后是符合个人发展的内在追求。清末科举制度废除
后,新式学堂成为青年学子进一步深造的唯一出路。但据统
计,1915年时,全国中学仅有800多所,可容纳学生8.7万
人,师范、职业学校300多所,可容纳学生3.7万人,而大学
仅有10所,只可容纳4000人。当时,全国中学毕业生能升
学者不及十分之一,小学毕业生能升学者不及二十分之一,
大多数学生无法升入高一级学校就读。在当时社会动荡的

法国邮船"盎特莱蓬"号,第三批赴法勤工俭学生均乘坐此船赴法

大背景下,就算是高中甚至大学毕业,也不见得就一定能找到一份稳定工作。广大青年学子深感前路迷茫、人生难测,在这种情况下,出国留学成为一些学子为数不多的出路。[1]

此外,法国劳动力的不足,也是重要的原因。在第一次世界大战时,法国青壮年男丁大多都应征入伍上了战场,战后统计仅成年男性就死亡一百多万人,国内人口男少女多,劳动力严重缺乏,急需招募外籍劳工。这就为中国人提供了一定的就业岗位,从而使得中国大批知识青年赴法勤工俭学成为可能。[2]法国政府遂与李石曾等人商议,拟从中国招募华工,并签订了招募华工的合同。在合同中,除了提出华工与法国工人待遇平等之外,还特别强调要在华工中推行以工兼学的规定。[3] 而在五四新文化运动中,工读主义盛行一时。赴法勤工俭学运动提倡的以"工"为手段,以"学"为目的的留学方式,恰好符合当时很多渴望留学的青年学子的主观愿望和客观条件。即一方面他们渴求习得高深的专业知识,以实现其"实业救国""科学救国""教育救国"等救国理想,另一方面,又可在很大程度上解决其经济拮据或求学无门的窘况。[4]

在上述背景与因素的共同促动下,赴法勤工俭学运动最终于1919年开始勃兴并持续发酵。1919年3月17日,首批赴法勤工俭学生共计89人由上海乘船赴欧,并于5月10日顺利抵达法国马赛,标志着赴法勤工俭学运动的正式开始。从1919年3月到1920年12月,先后共有21批中国留学生乘船赴法国勤工俭学,共计1900人左右,其中1600多人从上海出发。表2为1919年3月至1920年12月勤工俭学生赴法情况简表,由此可概知留法学生基本情况。

表2　1919年3月至1920年12月勤工俭学生赴法情况简表[5]

离沪日期	船名	抵法日期	抵法城市	抵法人数(人)	备注
1919年3月17日	"因幡丸"(日)	1919年5月10日	巴黎	91	湘43,直22,蜀9,鄂3,鲁8,皖、赣、粤、苏各1;沿途上船者2,不明省籍
1919年3月31日	"贺茂丸"(日)	1919年5月10日	巴黎	26	湘10,直15,苏1
1919年4月14日	"伊豫丸"(日)	1919年6月6日	巴黎	2	湘

（续表）

离沪日期	船名	抵法日期	抵法城市	抵法人数（人）	备注
1919年7月13日	"三岛丸"（日）	1919年9月2日	巴黎	58	晋12、直18、湘16、豫2、苏2、鲁1、浙2、闽1；另自由行动者4，不明省籍
1919年8月14日	"湄南"号（法）	1919年10月10日	马赛	78	蜀61、苏（沪）5、浙6、直（京）6
1919年8月25日	"盎特莱蓬"号（法）	1919年10月1日	马赛	54	分属湘、浙、苏、粤、直、皖、蜀等省；粤10人，香港上船
1919年9月29日	"博尔多斯"号（法）	1919年11月12日	马赛	19	湘16、直（津）2、浙1
1919年10月16日	"渥隆"号（美）	1919年11月25日	马赛	42	湘22、鄂4、粤7、黔5、浙、苏、赣、陕各1；不含朝鲜学生6
1919年10月31日	"宝勒加"号（法）	1919年12月7日	马赛	208	湘80余、豫9、晋11、赣5、苏、蜀各10、浙7、直、鲁各4、鄂、粤各2、皖、桂、闽各1；香港上船56，多属粤籍；不含赴英1，途中死去1
1919年11月22日	"勒苏斯"号（英）	1920年1月	巴黎	20余	苏6、粤3、浙、湘、皖各2、蜀、奉各1、黔5；同船赴英者，少数转往法国
1919年12月9日	"斯芬克司"号（法）	1920年1月14日	马赛	158	内蜀54、湘36、豫8、赣3、苏7、浙、直各10余；余不明省籍
1919年12月25日	"盎特莱蓬"号（法）	1920年1月28日	马赛	92	内有蔡和森及湘女生共7人、豫7、浙5、苏1；闽、粤生香港上船40余
1920年2月中旬		1920年3月23日	马赛	60余	晋50余、湘10余

（续表）

离沪日期	船名	抵法日期	抵法城市	抵法人数（人）	备注
1920年2月15日	"博尔多斯"号（法）	1920年3月25日	马赛	52	闽、粤生香港上船19；余属赣、皖、蜀、湘、桂、鲁、鄂等省；不含朝鲜学生3
1920年4月1日	"宝勒加"号（法）	1920年5月7日	马赛	110	内蜀15，湘4，皖7，浙2，香港上船60余，多属粤籍
1920年5月9日	"阿尔芒勃西"号（法）	1920年6月15日	马赛	121	湘61，蜀13，浙23，苏9，赣6，鄂4，陕2，粤2，桂1；不含朝鲜学生5
1920年6月25日	"博尔多斯"号（法）	1920年8月4日	马赛	约210	香港上船120余，多属粤籍；不含朝鲜学生10
1920年9月10日[6]	"盎特莱蓬"号（法）	1920年10月下旬	马赛	84	全为蜀生
1920年11月7日	"博尔多斯"号（法）	1920年12月13日	马赛	197	直38，奉26，豫11，湘、赣各10，蜀13，浙23，鄂16，苏17，皖20，陕5，绥远3，黔2，鲁、粤、桂各1
1920年11月24日	"高尔地埃"号（法）	1920年12月27日	马赛	20余	内女生17，分属粤、湘、直、浙、蜀、陕等省
1920年12月25日	"智利"号（法）	1921年1月20日	马赛	134	内蜀94，湘10，鄂、赣等省生各数人；香港上船60；不含朝鲜学生16

　　据鲜于浩研究，赴法勤工俭学运动中留学生输出最多的三个省份为四川（472人）、湖南（356人）、广东（251人），三省人数占了赴法勤工俭学总人数的近60%。另据元青等人研究，在统计的1235名留法学生中，15岁以下27人，16至20岁500余人，21至25岁600余人，26至30岁100余

人,30 岁以上约 7 人,其中 16 至 25 岁之间者占 89%,这就清楚表明勤工俭学生的主体是青年人。值得一提的是,在这些赴法勤工俭学生中,还有一些女青年如向警予、蔡畅、郭隆真等人,甚至还有蔡和森的母亲葛健豪（54 岁）,女性共计 40 余人,体现出赴法勤工俭学生的坚定信念和莫大的勇气。[7]

赴法勤工俭学运动,从 1919 年 3 月首批留学生出国,至 1921 年 11 月 13 日 104 名勤工俭学生被法国政府遣返回国止,前后共约 2 年 8 个月时间。此后,因经费、工作岗位及入学情况等因素,很快就陷入沉寂。但这场运动通过半工半读、勤工俭学的方式,使得贫寒学子得以出国深造和生活,开创了一种新的留学模式,探索出一条寒门子弟出国求学的新途径,在近代中国留学史上具有重要的地位和作用。甚至有学者认为这种模式为现在许多“打工读书”的留学生仿效或践行,当年勤工俭学生的精神在现在的自费留学生身上得到了传承和体现。[8]

持续两年半的赴法勤工俭学运动,得到了社会各界给予的很大支持和鼓励。华法教育会在各地的分会进行持续不断的宣传和鼓动,法国驻中国各城市领事馆也对此给予大力支持,如上海、北京、成都、重庆和广州等地的法国领事馆,为留学生提供签证的便利,特事特办、简化签证手续。成都各界汇集一起,为即将启程的留学生设宴饯行,还用滑竿欢送留学生。当时的留学生大都是从上海乘船赴欧,因此,上

欢送赴法学生

20 世纪 20 年代,向赴欧留学生介绍旅途须知的文章

1920年,刊发的赴法留学注意事项

1920年,时人为赴法留学同学所作序

海便成了汇聚全国各地赴法留学生的基地。每逢其他城市赴法学生来沪，或者每一批留学生乘船赴欧，上海各界都要举行隆重的欢迎会或者送别会。在留学生们于黄浦江码头登轮起航时，码头上"一时车马纷纭，送行者络绎于道"[9]，颇为壮观。因留学生是在上海黄浦江码头乘船，临近码头或者华法教育会上海分会等地的客栈、小学，以及一些市民家中，都暂住着很多候船赴法的学生。来自各地的留学生集中在上海黄浦江码头附近的狭小空间中交谈，既有南腔北调的方言，又混杂着生硬法语；学生们穿着廉价的西服，却还没有养成欧洲绅士的言谈举止。一时间东西南北、中西土洋的各种元素混合在一起，使得上海这座国际大都市平添了许多忙碌和拥挤，也隐隐透露出几丝未来的希望和憧憬。[10]

赴法勤工俭学生的行程，大都是由各自所属省份出发，在上海集中，然后自上海黄浦江码头乘船出发，经由香港、安南（今越南）、新加坡、科伦坡（锡兰岛西南岸）、其布（非洲东岸）等沿岸港口，经苏伊士运河横穿地中海，辗转至马赛或巴黎，全程共费时 40 余天。当时的学生绝大多数都经费不足，只能乘坐四等舱，也就是货舱，环境非常恶劣，条件异常艰苦，甚至有些体弱者在半道中途即不幸病逝。

赴法勤工俭学者一到法国，首先会根据每个人的实际情况，分为入校学习和入厂劳动两类：入校学习是指进入法国中学学习法语，少数已有法语基础和中学学历者可直接进入大专院校学习，这里面大部分为公费留学或者是家境殷实

者,称为俭学生;入厂劳动者大部分为勤工俭学生,他们主
要是通过劳动积攒学费,同时也可以在工厂学习法语。在留
学青年学生中,勤工俭学生大致占三分之二,俭学生占三分
之一左右。尤其是在 1919 年初至 1920 年春赴法的约 1200
名学生中,勤工俭学生占比超过五分之三,可以说占绝对优
势,故文中主要以"勤工俭学生"统称所有留法学生。[11]

　　勤工俭学生刚到法国时,如果要进入学校学习,一般只
能进入中学,个别人会进入大、中专门学校或大学。这些中
学散处于法国的 19 个城市中,其中以蒙达尔纪、木兰和枫丹
白露等城市接收中国学生居多。入校学习的俭学生主要学
习内容为法文,或插班学习,或由学校组专班学习,当然也有
个别学校会在法语课外,给俭学生开设工艺实习课,让其学
习铁工或技术等。法国中学里,除了上课时间外,还有近半
天时间为自习时间,勤工俭学生们往往用此时间刻苦勤读。
中国留学生在法国中学学习,是作为进入更高一级的大中专
院校学习的预备阶段,这个时段短则 2 个月,长则 2 年,这是
与留学生的经费、法语基础及在国内的学历有着直接关系。
一般而言,经费充足又有一定的法语基础,且在中国已获得
中学以上学历者,就可以直接进入大中专学校学习;如果经
费充足但无法语基础者,那就要先在法国中学学习一定时
间,有了法语基础再升入大中专学校学习;如果经费不足,
又没有法语基础,那就不仅要在中学学习法语,还要入厂做
工积攒学费,最后才能进入大中专学校学习,这也是用时最

长的一种方式。[12]

中国勤工俭学生进入的法国大中专学校,主要有大学、专门学校和实习学校 3 种类型。大学主要有文、理、医、法等基础学科,专门学校则是农、工、矿、航海等实践技术性学科,实习学校采用将学习与做工实习合为一体的教学模式,主要集中于农业和工业两个方面。此外,还有工厂实习校和夜校等,起辅助作用。大学学费每年 100 多法郎,连食宿等费用一年约 3000 法郎;专门学校每年学费贵达 1500 法郎,加上食宿费更是高达四五千法郎。在这样的条件下,勤工俭学生的日常生活都比较清贫,很多学生合租阴暗狭窄的房间,啃着面包、喝点开水,甚至为了省钱而一日两餐。赴法勤工俭学生多数人在升入大中专院校后,选择的专业多为农业、工业或商业,学习努力者甚至还获得了硕士或博士学位,他们归国后很多都成为农、工、商领域的卓越人才。

勤工俭学生除了学习外,普遍面临的问题就是做工。在运动初期,来到法国的留学生大都由华法教育会负责寻找工作,主要涉及机械、矿冶、汽车、造船、胶皮、家具等行业,也有一部分工作是在商店、缝衣店和照相馆等处,总之是以找到工位为主。大体而言,留学生做的工作,主要有力工、技工和学徒 3 种。力工也叫散工、小工或苦工,纯粹就是靠出卖力气来挣钱,从事的多是运煤、挑水、抬石等重体力劳动,工作繁重,环境艰苦,且工资很低,身强力壮又无任何技术者多从事此类工作;技工是掌握一定做工技术者从事的工作,如五金工业、掌管机械和机器制造等行业,多使用技工,工资也较高,每天可有 15—20 法郎收入;至于既无技术,又无体力且法语很差者,只能从事学徒行当,学徒一般没有工资,仅发少量生活费,主要是在别人指导下从事体力劳动,在此过程中可能会学到一些技术,待学徒期满后会转为技工,收入会有所提高。在工厂做工的留学生,日常生活也异常俭朴,居住的地方有旅馆、民房或厂房,根据个人实际情况而定,旅馆条件要好一点,工厂居住环境则很差。就是在这样的条件下,中国留学生努力工作,为以后能够顺利入学而积攒学费。需要强调的是,对于这些做工者而言,勤工只是赚取学费的方式,不是一种常态,很多人都是采取先工后学、工学互助的方式完成学业,当然也有部分学生因种种原因而一直勤工不能俭学,但他们在常年的做工中也学到了很多技术和方法,并没有白费光阴。[13]

赴法勤工俭学生在法国除了学习和做工外,还从事了社会政治运动,在当时具有很大的影响力。1920 年,法国经济危机,工作岗位不易寻觅。1921 年 1 月,华法教育会宣布停止对留学生的经济补助。留法学生在绝望无助的情况下,在蔡和森、李维汉等人组织下,汇聚在中国驻法公使馆附近,提出由中国政府补助留学生每人每月 400 法郎,补助 4 年的要求,但被中国驻法国公使陈箓拒绝,留学生被法国警方强行驱逐,运动以失败告终。1921 年 6 月,北洋政府的一派官僚,为了讨好法国,提出由中法签订协议,以中国的烟酒税和购

章

法国里昂中法大学

买实业材料等为担保,允许法国在中国发行国库证券3亿法
郎,并将这些款项存入中法实业银行,以此挽救该行免于倒
闭,此举遭到在法留学生的强烈抵制。在蔡和森、周恩来和
赵世炎等人领导下,勤工俭学生发起反对借款斗争,最终迫
使中国驻法使馆公开表示不会在借款合同上签字。这次运
动的胜利,初步显现了留学生团结斗争的巨大能量。

　　1921年10月,中国赴法勤工俭学生又发动了争取开放
里昂中法大学的斗争。里昂中法大学原是由吴稚晖、李石曾
等人发起,并由国内各界资助、在法国里昂一兵营处创办的
海外中国大学。在最初计划中,该校是免费对中国留学生
开放的。但到该校正式开学时,吴稚晖等人却明确宣布只
允许从国内招收的一批官绅子弟入学,而大批在法国的勤工
俭学生却无资格入校学习,这就激起了勤工俭学生们的愤
慨。1921年9月21日,在蔡和森、李立三和赵世炎等人的

发动组织下,全法各地的学生代表纷纷汇聚里昂,组成 125
人的先发队,进驻里昂中法大学,提出了开放里昂中法大学
的诉求。但是,校方却无视勤工俭学生的正当诉求,叫来大
批法国军警将校园包围,将学生拘捕。最终,法国警方将拘
捕学生中的 104 人强行押上轮船遣返回国,该次运动也宣告
失败。[14]

　　赴法勤工俭学生发动并参与的上述社会政治运动,一方
面是留学生争取自己合法权益的正当行为,另一方面也是勤
工俭学生群体逐渐觉醒,在政治和组织上逐渐成熟的一个训
练过程。

　　不可否认,在众多的赴法勤工俭学生中,有一些是为了
混个海外文凭,以求归国找份体面职业,但更多的人是抱着
寻求救国救民真理的满腔热情来到法国。这里面就有一部
分原本在国内已参加进步青年团体或接受进步思想者,如
周恩来、蔡和森、李维汉、李立三、聂荣臻等人。他们到法国
以后,在勤工苦读的同时,认真思考救国救民的真理大道,
进一步关注十月革命和欧洲的工人运动,大量阅读马克思
列宁主义经典著作,逐渐确立起马克思主义的信仰,成为无
产阶级革命的战士。如蔡和森,他早在国内与毛泽东等人组
织新民学会时,就已经开始思考改造旧世界、创造新世界的
问题。到法国勤工俭学以后,他自学法语,密切关注欧洲各
国社会主义运动的最新动态,阅读《资本论》等马列经典著
作。此外,蔡和森还猛看猛译各种无产阶级革命的小册子,

并通过比较考察,最终确定了坚定的马克思主义信仰,成为旅欧青年中最早完成世界观转变的马克思主义者。又如李维汉,他一开始深受无政府主义的影响,不仅将勤工俭学视为改造世界的根本方法,还组织"勤工俭学励进会"作为实践团体。但是,在听了蔡和森关于无产阶级专政、社会革命的演讲后,通过与蔡和森等马克思主义者的激烈辩论,慢慢接受马克思列宁主义,逐渐由无政府主义者转变为一个坚定的马克思主义者,后来还成为阐释和宣传马克思主义的理论家。

客观而言,在近 2000 人的赴法勤工俭学生中,真正成为马克思主义者的人并不占多数。据王奇生研究,以 1921年高潮时期的 1600 名勤工俭学生作为基数来推算,1924 年时,留学生中的共产主义者仅有 250 名,占全部赴法勤工俭学生总数的 15%。[15] 在这占比不算多的马克思主义者中,他们接受或转向马克思主义信仰的过程与途径或许有所不同,但是一经确定马克思主义信仰后,他们就积极投身于共产主义运动中,除了领导和参与前述的社会政治运动外,还成立了旅欧共产党早期组织。

早在 1920 年 11 月,北京共产党早期组织成员张申府赴法,陈独秀即委派他设法在欧洲筹办共产党组织。1921年,张申府先后发展在法留学的刘清扬、周恩来入党,并与已经在国内加入党组织的赵世炎、陈公培(吴明)取得联系,一起成立了旅法的共产党早期组织。[16] 旅法的共产党组织

1920 年在蒙达尼的勤工俭学生合影

成为联系旅欧各国(法国、德国、比利时等)革命者和进步学生的中心,并于 1922 年发展为中国共产党的旅欧支部。旅欧的党组织为中国革命培养了一大批有才能的干部,其中有周恩来、蔡和森、赵世炎、李立三、陈毅、向警予、朱德、李富春、王若飞、陈延年、蔡畅、聂荣臻、李维汉、邓小平等。他们后来成为党的杰出领导人。[17]

1921 年 7 月,勤工俭学生的内部组织"工学世界社"在法国城市蒙达尼开会,蔡和森在会上提出成立少年共产党的建议,后因内部意见不一致而流产,但这成为建立组织的首次尝试。1922 年 6 月,周恩来、赵世炎等人在巴黎发起成立旅欧中国少年共产党,当时与会人员有 23 人,选出中央执行委员会,赵世炎为书记,周恩来负责宣传,李维汉负责组织;决定创办《少年》作为其机关刊物,明确其宗旨为宣传马克思主义,介绍共产国际情况,并同无政府主义进行论战。1922 年 10 月,旅欧中国少年共产党在巴黎开会,议决加入中国社会主义青年团,选举赵世炎、王若飞、周恩来、尹宽、陈延年组成中央执行委员会,赵世炎任执行委员会书记。11 月委派李维汉为代表回国与团中央接洽,要求"附属于国内青年团为其旅欧之部"。1923 年 2 月,旅欧中国少年共产党召开临时代表大会,将名称定为旅欧中国共产主义青年团,明确宣布以中国社会主义青年团中央执行

旅欧中国少年共产党的机关刊物《少年》书影

中国共产党旅欧支部所在地法国巴
黎戈德弗鲁瓦街 17 号

留法勤工俭学生寄回国的明信片

章

《赤光》社社址——距巴黎 12 公里的哥伦布市德
拉普安特街 39 号

委员会为其上级机关,大会还选举周恩来、任卓宣、尹宽、汪泽楷、肖朴生为执行委员会委员,周恩来任书记。会后收到国内团中央 1 月 29 日来函,批准加入中国社会主义青年团。[18] 1924 年 2 月,旅欧中国共产主义青年团的机关刊物《少年》改组为《赤光》,继续进行马克思主义的宣传。[19] 该团正式团员人数在 1925 年前后达到高潮,有 400 多人。1925 年以后,因归国学生日渐增多,该团体日渐缩小,人数也减至百人左右。1927 年夏,留在欧洲的少数党团员分别加入所在国的共产党、共青团组织。此后,旅欧中国青年团组织结束。[20]

最后,需要特别强调的是,赴法勤工俭学运动虽然历时不长,但在中国近代史上的地位与作用却不容轻视。除了前已述及的培养了旅欧马克思主义者和成立了旅欧共产党早期组织外,这一运动在其他方面的作用与意义也是显而易见的。

首先是为近代中国培养了一批优秀的专家学者。据学者统计,截至 1925 年,中国赴法留学生在法国取得各级学位的有 64 人,其中三分之一是勤工俭学生,这些专门人才分布于地质矿务、数理农医及法政文艺等多个学科。此外,从法国实业学校毕业的从事教学与科研的人才,数量就更多了。这些留学人才回国后大多服务于教育或科研领域,成为 20 世纪二三十年代中国科学和实业的骨干,为中国的建设和发展做出了贡献。[21] 其次,促进了中法两国的文化交流,传播了中国传统文化。赴法勤工俭学生在法国求学期间,向国内报刊撰写投寄了大量介绍法国留学生活及法国国情的文章,这为中国人了解法国提供了很好的渠道。同时,在法留学生还组织各种团体,逢年过节会举办各种游艺会,表演中国的武术、京剧及各种传统乐器[22],这种方式吸引了许多法国人观看和参与,产生了很大的宣传效应,对于传播中国传统文化具有积极的作用。

总之,发端于民国初年、兴起于五四前后的赴法勤工俭学运动,是近代中国留学史上具有重要历史意义的一次出国留学浪潮。大批有志青年从全国各地汇聚上海,再从上海出发远赴欧洲求学的过程,也是他们从上海走向世界、探索世界的过程。这场运动不仅打破了此前被政府和官绅富家子弟垄断了的留学局面,而且探索并开辟了一条工学结合的求学路径,为中国培养了大批优秀的科学和教育人才,促进了中国的现代化事业的发展。尤其值得大书特书的是,一批心怀救国救民理想的进步青年,在赴法求学的过程中,成为坚定的马克思主义者,勤工俭学运动为中国新民主主义革命培养并输送了优秀的领导骨干,对于中国近代史具有重大而深远的影响。

二、虹口码头赴法简述

五四运动前后,在中国兴起的赴法勤工俭学运动中,大批有志青年为追求真理与新知,不畏长途艰险,从上海乘船远赴法国留学。这些学子中涌现出一批中国共产党的优秀干部,而上海也由此成为他们走向革命的启航地。作为上海重要的远洋码头集中区域,黄浦江码头或江面浮筒泊位自然也是有志青年登船赴法的重要地区。据现有资料可知,在前后共 21 批赴法勤工俭学的远洋航班中,从虹口沿江码头或江面浮筒泊位出发者有数批,其中就有赵世炎、李富春等人。可以说,虹口既是他们踏上革命道路的启航地,也是他们归国后从事革命活动的重要战场。他们为国为民、追求真理且不惧牺牲的革命品格,早已深深植入虹口的红色基因之中。这几批赴法学子出发地点详情如下。

1919 年 3 月 17 日,首批赴法勤工俭学生由黄浦江面的

ARRIVALS

Date	Name	Tons	Captain	Flag	From	Where berthed	Consignees
Mar 14	Hwahta	1682	Hirose	Chi	Hankow		C M S N Co
... 15	Kiangteen	1435	Ross	Chi	Ningpo	KLYW	C M S N Co
... 15	Tatung	2882	Williams	Br	Hankow	CNCW	B & Swire
... 15	Kianghsin	2105	Milligan	Chi	Hankow	KLYW	C M S N Co
... 15	Kingsing	1223	Baker	Br	Tientsin	HW	J M & Co Ld
... 15	Shengking	1034	Tuchen	Br	Swatow	WTW	B & Swire
... 15	Sinkiang	1618	Eedy	Br	Hongkong	WTW	B & Swire
... 15	Pyrrhus	4823	Long	Br	Japan	B V	B & Swire
... 15	Hsinkong	2000	Baines	Chi	Chefoo		C M S N Co
... 15	Feiching	980	Smith	Chi	Chefoo	TKDW	C M S N Co
... 15	Tafoo Maru	1526	Hosokawa	Jap	Hankow	LPDUW	N Kisen Kaisha
... 15	Hirano Maru	843	Watashima	Jap	Japan	TKDW	M B Kaisha
... 15	Inaba Maru	3681	Tanaka	Jap	Japan	B VII	N Yusen Kaisha

1919 年 3 月,《字林西报》中记载日本邮船"因蟠丸"(Inaba Maru)停泊于靠近虹口汇山码头的 7 号浮筒(BVII Buoy)

7 号浮筒处,搭乘日本轮船"因蟠丸"启程赴法。据上海英文报纸《字林西报》1919 年 3 月所载,此班"因蟠丸"由日本邮船会社派遣,于 3 月 15 日到沪,停泊于靠近 7 号浮筒所在的黄浦江面上(可能为虹口区境内汇山码头遗址)。1919 年 3 月 17 日上午,驳船从位于外滩边的海关码头(现黄浦区境内)出发,将乘客及行李运送到"因蟠丸"上。[23] 一小时后,"因蟠丸"满载乘客,从黄浦江面驶离赴法。

　　上海各界对首批赴法勤工俭学学生非常重视。3 月 15 日,上海寰球中国学生会为赴法学子开送别会。中法两国到会人士很多,现场热情激昂,吴玉章发表演说,鼓励众学子"时时从人类应如何自励,始无害于社会上着想",勇于前往法国追寻新思想、新科学,期望他们"不但能学得物质上文明,并可养成高尚的理想,将来归国,以贡献于吾国社会"[24]。

　　启程当天上午,前往码头送行者人数众多,有毛泽东,还包括寰球中国学生会朱少屏、华法教育会高鲁、上海留法俭学会洪诚仓、圣明智大学娄廷昭和陈少云等教育界人士,也有文化界人士如商务印书馆发行所所长王显华、交际科干事黄警顽,当然也有已具留学背景的吴新吾、吴玉章等人。送行者向青年学子赠送"国旗徽章,以志不忘祖国",同时还赠送了教育、小说和杂志等各类书籍,"以备途中消遣"。[25] 而在首批赴法勤工俭学生中,还有林蔚、欧阳钦等人。

　　1919 年 3 月 31 日,第二批赴法勤工俭学生从虹口汇山码头附近的某浮筒处乘坐"贺茂丸"启航赴法。"贺茂丸"属于日本邮船株式会社,从现有资料可以证实,从 1911 年至 1928 年间,该轮船在驶入上海港后,一直停靠在汇山码头。[26] 据《字林西报》3 月 31 日的报道,该班次的"贺茂丸"是于 3 月 29 日到港的。其实,早在 3 月 17 日,《字林西报》就已预报了"贺茂丸"将于 3 月 31 日上午 8 时从上海出发。而在前一天(3 月 30 日)下午 5 时,就有驳船从海关码头将乘客及行李驳运至"贺茂丸"上,以便第二天一早出发。[27] 如同首批赴法学生一样,第二批也受到了上海各界人士的重视,并由寰球中国学生会及法国驻沪总领事召集,于 3 月 29 日在法租界公董局大厅举行送别会。[28]

　　1919 年 4 月 14 日,第三批赴法勤工俭学生乘坐停泊于虹口汇山码头前浮筒处的"伊豫丸"启程赴法。"伊豫丸"同样属于日本邮船株式会社,据《字林西报》《宗方小太郎日记》等文献可知,该轮船进入上海港后,也是长期以属于日本邮船株式会社的汇山码头为停靠点。[29]另据《字林西报》1919年4月14日报道,"伊豫丸"于当日上午9时准时出发,而在前一日下午5时,乘客及行李已由驳船从海关码头陆续运至"伊豫丸"。[30]因此,第三批赴法勤工俭学生,其实是在4月13日下午已登上该船,并在船上度过一夜,第二天一早,正式开始了远洋赴法的行程。

　　1919年10月31日,第五批赴法勤工俭学生从虹口杨树浦码头乘坐法国"宝勒加"号轮船启航赴法。"宝勒加"号轮船属于法国邮船公司。早在10月20日,《字林西报》就已预报了"宝勒加"号将于10月31日出发,并提示启航当天上午,将从法国邮船公司码头出发,用驳船把乘客及行李送上该轮船。[31]另据《字林西报》10月30日所载,"宝勒加"号是10月29日到港,停靠于杨树浦码头前的10号浮筒处的江面上。10月31日上午10时,"宝勒加"号轮船正式启航赴法。[32]该轮所载赴法学子中,就有李富春、李维汉等人。

　　1920年5月9日,第十二批赴法勤工俭学生乘坐停泊于虹口杨树浦码头前的法国"阿尔芒勃西"号轮船启程赴法。"阿尔芒勃西"号轮船属于法国邮船公司,由于吃水较深,码头泊位不足,该邮轮进入上海港后同样停泊于黄浦江面上。据《字林西报》1920年5月10日报道,该邮轮5月8日到港,5月9日启程,其停泊于虹口杨树浦码头前面的10号浮筒。[33]与"宝勒加"号一样,乘坐"阿尔芒勃西"号邮轮的乘客及包裹,也于当日上午10时从法国邮船公司码头经驳船运送至邮轮。[34]在该批赴法学子中有赵世炎、熊锐等人。当时,基本上每一批赴法学子,都会有亲人友朋来送行,有些甚至坐着驳船直接到停泊于黄浦江中的邮轮上来送行。同属该批赴法学子的萧子璋记录了5月9日"阿尔芒勃西"号轮船启航时,人们分离时的场景,"是日午十二时,船起锚,驶离上海,一时坐小轮来送行的,仍坐小轮回黄浦滩去,两个船相背而驰,两方的人,挥巾挥帽,足有半点钟之久,到望不见了才止"。[35]

此外,还需要指出的是,与北外滩毗邻的现杨浦区黄浦码头,也有几批赴法勤工俭学生从该处出发。如蔡和森、陈延年、陈乔年等人,就是经由此处登船赴法的。1919年12月25日下午1时,蔡和森、蔡畅、向警予、蔡和森母亲葛健豪等人,于黄浦码头乘坐法国邮船公司"盎特莱蓬"号启碇赴法。上海商界名人聂云台、留法俭学会沈仲俊、全国各界联合会刘清扬等人至码头送行。[36]12月21日,旅沪湖南学生会在南洋公学开欢送会,蔡和森代表赴法学生致辞,他满怀信心地说:"我辈此次往法,必奋力自勉,改造自己的思想及学问。"[37]巧合的是,陈延年和陈乔年,也在这一批赴法学子中间,当时的陈氏兄弟,还很年轻,陈延年才21岁,陈乔年更是只有17岁。陈氏兄弟的革命之路正是启航于黄浦江边。

三、黄浦江边梦起航：陈毅

陈毅，原名世俊，字仲弘（又作仲宏），1901 年 8 月 26 日生于四川省乐至县复兴场张安井村。其父陈昌礼，在老家附近创办一私塾，以教书为业。其母黄培善，出身富家，吃苦耐劳，持家有方，对陈毅的影响较大。

陈毅兄妹共 5 人，他排行老二，自幼随父亲识字。稍长后，陈毅相继在私塾、锦官驿初等小学、华阳县德胜高等小学、成都工业讲习所、成都甲种工业学校等处就读，中间有段时间，因家境贫困，做过一段时间的学徒，聊以糊口。值得一提的是，辛亥革命爆发后，陈毅和其胞兄陈孟熙曾在外婆家居住过一段时间，黄培善请了精通文墨、思想开明的地方名士陈玉堂为兄弟二人教授功课，也正是在这段时间，陈毅打下了写诗撰文的文学基础。

1918 年 3 月，留法勤工俭学运动发起人中的川籍人士吴玉章，在成都成立留法勤工俭学预备学校，并公开招收两届学生。陈毅兄弟二人看到通告，在征得母亲同意后，前往报考，并且顺利考取。经过 1 年的学习，1919 年春，留法预备学校举行结业考试，并规定凡考试前 30 名者，政府发给每人旅费津贴 400 元，以资鼓励。陈毅兄弟二人以第 14、15 名的优异成绩双双考取。兄弟二人各留 50 元大洋给母亲生活，又各做了一件长衫，其他资金都留作赴法之用。

1919 年 6 月 1 日，成都留法预备学校第一批赴法勤工

吴玉章在四川留法预备学校演说词

俭学生在成都沙河铺集合出发。6 月 11 日,陈毅一行人到重庆,在朝天门码头的望江旅馆住宿,兄弟二人看望了在盐务局当职员的父亲。6 月 19 日,陈毅和同学们乘坐"蜀亨"号中国轮船离渝顺江而下。6 月 27 日,陈毅等人正式抵达上海。

在上海时,陈毅兄弟先后在黄浦滩公共租界二洋泾桥全安客栈、徐家汇南洋公学高等小学校、二洋泾桥附近之泰安商栈等处居住。当时的上海,适逢五四运动爱国浪潮蓬勃发展,市面上一致抵制日货,对于日本轮船也是无人搭乘。陈毅等有志青年在此接受了爱国思想的熏染,亲眼见证了这场伟大的爱国运动。同时,陈毅等人在游览上海法国公园和黄浦滩上的公园时,看到了"华人与狗不准入内"的牌子,更加引起了他们对帝国主义的憎恨。陈毅兄弟还一起游览了南京路,体验了十里洋场的繁华和不同于中国内地城市的现代化城市风貌,心中油然羡慕起大上海的繁荣,这也更加促使他们下定决心要学好科学,以实业救国,争取实现富国强兵的宏大愿望。

此外,在上海时,勤工俭学生们经常聆听一些社会名人的演讲,这给陈毅的思想带来很大的震动。张继当时作为无政府主义的信仰者,在演讲中鼓吹劳工神圣,说发财就是盗窃,要学生们不要去犯罪。日本留学生则主要演讲日本"明治维新"的内容,盛赞日本是东方强国,连黄包车夫都是中学生,拉完车便拿报纸看,倡导中国也要学习日本,走日本的维新之路才能自强。参加过五四运动的青年则宣讲中国积弱、外国强盛的问题,号召青年学子们讲科学、争民主,做白话文、白话诗。尤其是吴稚晖,旗帜鲜明地攻击孔孟学说,力劝青年学子不要读四书、五经,而是要去学工业,鼓励他们做好事,对国家做贡献。这些公开演讲的内容,给陈毅的思想带来了极大的冲击和震动,正如他后来回忆道:"我对于他提出的反孔孟颇感不平,又觉得他是有名的大教育家,前清时还中过举人,讲话必有道理,引起心中大乱,旧的思想动摇了。开始接触白话文、白话诗,看《新青年》和孙中山办的《建设杂志》。思想上很快扭转,站到反孔孟的一边来了。"[38]

1919 年 8 月 14 日,陈毅等赴法勤工俭学生在上海黄浦滩二洋泾桥码头（即位于新开河的法国邮船公司码头），经驳船运送，登上法国"湄南"号商船，驶出吴淞口，正式启程赴法。"湄南"号商船沿途经过越南、新加坡、印度、斯里兰卡、吉布提，通过苏伊士运河进入地中海，最终于 1919 年 10 月 10 日抵达法国马赛。同年底，陈毅兄弟乘火车抵达巴黎，暂住于华侨协社地窖，正式开启勤工俭学历程。[39]

1920 年 2 月初，经华法教育会安排，陈毅兄弟二人被安置到蒙达尼公学院法文补习班学习法语。在这里，陈毅与蔡和森等人编在同班，开始接触湘籍赴法进步留学生，他也由此结识了蔡畅、向警予和聂荣臻等革命青年。1920 年 4 月下旬，在蒙达尼公学院完成法文学习后，陈毅在华法教育会介绍下，与陈孟熙等 4 人进入巴黎近郊的施耐德公司所属的一个分厂做工。该厂是专门制造农耕机械的工厂，陈毅进厂后，被分配在钳工车间做杂工，每日从事的都是打扫卫生、搬运重物的工作，工作量很大且辛苦，但工资却十分微薄，每天仅有 17 法郎，对于陈毅而言，只够维持基本生活。陈氏兄弟为了节约开支，就在工厂附近的一套简陋公寓房子里租到一间八层的顶楼，空间很小，仅够放置一张床，人在里面都无法直起身站立，但每个月房租仅为三四法郎，是他们能够承受的价格。[40]

刚进工厂时，陈毅与蔡和森等湘籍同学保持着密切的联系，对蔡和森一再宣传倡导的走十月革命的道路很有兴趣。在有意关注马克思主义理论的同时，陈毅开始尝试参与工人

位于法国克鲁梭的施耐德钢铁厂

运动。1920 年五一国际劳动节时,法国巴黎工人举行罢工游行。陈毅积极联络本厂同学开会,决定与法国工人一起行动,为国争光。在罢工期间,陈毅与同学们广泛搜集工人出版的报纸和法国当局报纸的评论,帮助工人散发传单,还与法国工人手挽手上街游行。同时,陈毅还将他在巴黎见闻的罢工情况向留法学生团体报告,得到了蔡和森等人的肯定和支持。

　　1921 年 2 月 9 日,陈毅兄弟二人被工厂解雇。3 月上旬,陈毅进入圣日耳曼公学读书,不久又改入沙多居旦公学就读。残酷的现实逼得陈毅不得不严肃冷静地面对求学和就业问题,在与几位同学认真讨论过后,陈毅下定决心要全心全意投入学生运动中去。

章

　　1920 年 8 月,以湖南籍旅法的新民学会会员李维汉、萧子璋、陈绍休、张昆弟等人为主体创办的工学世界社在蒙达尼公学院正式成立,该社以信仰马克思主义和实行俄国式的社会革命为宗旨。不久,陈毅即加入工学世界社,他经常与社员一起讨论问题,并开始读《共产党宣言》。书中很多深刻的分析和新鲜的观点,常常引起他的思索和讨论。陈毅对于马克思主义理论的认识开始逐步深化和全面。[41]

　　与此同时,陈毅结合一年多在法国勤工俭学的经历,对法国资本主义社会和资本家剥削工人的制度有了切身的体会,开始进行深刻的反思和总结。正如陈毅自言:"因为我不是一个纯粹的劳力者,我常常把工厂内四周用冷静眼光去透视一下,那资本罪恶,我便看穿了。"在刚进入工厂时,经过白天一天的辛苦劳动,晚上回到住处,陈毅兄弟常常是凉水就面包当作晚餐。这个时候,他们才开始反思,往年用的钱,都是祖先用汗水辛苦赚来的,如果仅靠父母给的钱来生活,是子女无能的表现,由此更加感到生活的不易和父母的艰辛。[42] 陈毅兄弟在工厂做工时,为了省钱,自己煮饭,自己缝补衣服。据陈毅回忆,每到星期天到菜市场割肉买菜时,"看着自己的血汗工钱,不断向外的倾荡,自己心内只觉得痛。咳! 往年何尝想到此地。一年来的实感,就是知稼穑艰难了!"同时,有着在工厂做工和失业的切身经历,陈毅才真正地看清了资本主义制度的弊端和罪恶,看着工人被工厂解雇时"神情丧失""面若死灰",而资本家却只管攫取工人创造的剩余价值,陈毅不禁愤怒地说道:"资本家完全为自己利益起见,实毫无人心,我才知欧洲资本界,是罪恶的渊薮。"[43]对于资本主义制度本身的反思和批判,成为陈毅转向革命思想的重要促动力。

陈毅在法国勤工俭学期间,主要参与了 3 次学生运动,都在里面扮演了领导者和组织者的重要角色,发挥了重要的作用。

1921 年初,由于被法国工厂解雇的勤工俭学生越来越多,华法教育会承担的经济压力陡然增长,为了甩掉包袱,该会竟然在一个月内接连发布两次通告,声明对于留学生发放的维持费到 2 月底便停止发放,此后的生活费用由留学生自行解决。勤工俭学生迫于无奈,只能向中国驻法国公使陈箓交涉,要求中国政府予以救济。但北洋政府忙于内战,对此请求予以无情拒绝,并计划将无钱无工的勤工俭学生遣送回国。此举激起广大勤工俭学生的不满,各地留学生闻讯,纷纷前往巴黎。2 月 28 日,陈毅等 400 多名勤工俭学生在蔡和森、李维汉、张昆弟、向警予等人的领导下,齐聚巴黎,向中国驻法公使馆请愿。他们向驻法公使陈箓提出,要中国政府发给留学生每人每月 400 法郎入学津贴,以 4 年为限,同时无条件开放设在法国里昂的中法大学和设在比利时的中比大学,接受勤工俭学生入校学习。中国驻法公使陈箓与法国当局暗中勾结,出动法国警察将学生强行驱散,这就是赴法勤工俭学史上著名的二二八运动。该场运动虽然没有达到预定目标,但也迫使中国与法国当局做出了一些让步。如华法教育会同意继续发放维持费,并为失业同学找工作,法国当局也组织"中法监护旅法中国青年委员会",负责联系安排学生的劳动和生活救济。[44]二二八运动是陈毅在法国参与的首次中国学生运动,使他深切意识到依靠组织和团体的力量是争取权利的重要保障。

1921年6月中旬,已在圣日耳曼公学读书的陈毅,获悉北洋政府与法国政府秘密谈判,准备向法国借款3亿法郎,借款条件以全国印花税、验契税作抵押,以滇渝铁路建筑权和全国实业购料权做交换,中国政府还准备将这笔借款存入中法实业银行,以此挽救因投机而陷入破产危机的中法银行。陈毅深感事态严重,便将这一消息告知其他留学生。

消息传开后,旅法华工、勤工俭学生以及其他在法华人,无不义愤填膺。1921年6月30日,陈毅和周恩来、刘清扬、张君劢、李树华等300多名各界代表齐聚巴黎先贤祠召开拒款大会。大会通过4项决议,坚决反对中法秘密借款,并对正在进行的秘密谈判表示抗议。在拒款斗争的巨大攻势下,中法两国政府不得不公开发表声明,停止借款谈判。但7月下旬,法国报纸又透露中法借款合同草约定于25日签字,且借款总额由3亿增加至5亿法郎。消息一出,陈毅等旅法华人大为震惊,决定再开拒款大会。8月13日,陈毅等留法勤工俭学生与在巴黎华人各界代表300余人再次聚集巴黎先贤祠举行拒款大会。大会要求驻法公使陈箓出面解释,陈箓派秘书王曾思赴会,在场众人迫令其代陈箓在声明上签字表示反对中法大借款。8月16日,陈箓出面在书面声明上补签,表示反对借款。至此,中法秘密借款因赴法勤工俭学生及在法华人的共同反对而被迫停止,历时两个多月的拒款运动取得重大胜利。[45]

陈毅在此次拒款运动中,不仅是将借款消息传播出去之人,而且在运动中还负责大量宣传和组织工作,对于运动的胜利做出了巨大贡献。他不仅团结和争取留法勤工俭学生参加斗争,还亲自到华工居住区进行演说,发动并组织华工一起参加拒款运动。因陈毅文笔功底深厚,运动期间的很多宣传文章都是出自他之手,据金满城回忆:"陈毅似乎是我们中唯一能写白话文的人,他全天在忙碌起草;有那么多的宣言、通讯,竟使他天天不得闲了。"[46]通过此次斗争,陈毅的才华和能力得到了凸显,他在同学中的威信和影响力都得到很大提升。

1921年8月下旬,陈毅与赵世炎、李立三等在克鲁梭施耐德公司勤工俭学的147名学生听闻,原为勤工俭学生筹建的里昂中法大学和比利时中比大学,在国内大登广告,计划在国内另招学生来法就读。9月5日,陈毅和赵世炎、李立三领导克鲁梭工厂勤工俭学的147名学生成立"克鲁梭工厂勤工俭学生争回里、比两大运动团",并由陈毅负责起草《宣言》和《通告》,呼吁法国各地勤工俭学生成立相同团体,各地团体团结一致,共同为争取里、比两大学开放而努力斗争。9 月 17 日,各地勤工俭学生代表蔡和森、赵世炎、李立三、陈毅、李维汉等 100 多人,在巴黎召开大会,正式成立各地勤工俭学生联合委员会,作为该运动的专门机关,并推选陈毅为该委员会委员。各代表一致决议:以开放里昂中法大学为唯一目标,并提出誓死争回里大,绝对不承认部分解决,绝对不承认考试等 3 项要求。9 月 20 日,陈毅等人组织巴黎、枫丹白露、克鲁梭、蒙达尔纪等处代表百余人,作为先发队向里昂进发,并要求各地勤工俭学生即日组织后援队,陆续向里昂进发。9 月 21 日,先发队 125 人分两批先后抵达里昂,并随后进入里昂中法大学,在校园草地有序休整。

9 月 22 日,因里昂大学校方报警,法国警方出动 200 多名警察开进校园,将陈毅等 100 多名学生押入学校附近的一个叫芒特吕克炮台的旧兵营拘禁起来。不久,在中国驻法公使陈箓的暗中鼓动下,法国警方将这一事件由里昂地方移归法国外交部处理,进一步增加了问题的复杂性。10 月 10 日,陈毅与蔡和森等人发动全体被关押的学生绝食一天,对法国警方的非法关押表示抗议。10 月 12 日,里昂警察厅强令被关押学生填写履历,并宣布将于 10 月 14 日强行遣返留学生。陈毅等人推举赵世炎为代表出营多方奔走,但最终还是没有结果。10 月 14 日,陈毅和蔡和森等 104 名学生被法国武装士兵强行押送到马赛,随即便被押进"波儿加"号货轮,当天下午即离开马赛、前往上海。[47]

在归国途中,被遣返的留学生在船上组织了"被迫归国留法勤工俭学生团",推举蔡和森、李立三和陈毅等 20 多人为干事,准备回国后继续领导斗争。在经过香港时,蔡和森与李立三等人因要寻找共产党组织,提前下船,领导归国斗争的重担自然落在陈毅肩头。1921 年 11 月 23 日,"波儿加"号货轮抵达上海黄浦江码头。陈毅与喻正衡、黎纯一等一行 24 人寓居三马路荣升旅馆,并于当晚即到上海各家报馆拜访,送出由陈毅事先写好的《被迫回国留法勤工俭学生一百零四人通启》,又口头向报界介绍了他们被迫归国的许多实情,当即得到很多人的同情与支持。

　　陈毅撰写的《通启》很快即见之于上海的《时报》《新闻报》等重要报刊上,引起社会各界的高度关注。同时,陈毅等又推派代表,分头出动,到护军署、交涉署、县公署、商会及各界知名人士处开展宣传活动,并将勤工俭学生在法遭遇的不公真相力陈于各处。此外,陈毅等人以"被迫归国留法勤工俭学生团"名义分别致电北京蔡元培、李石曾和广州汪精卫、张继等赴法勤工俭学运动发起人,要求尽快设法救助。11 月 30 日,归国勤工俭学生团在四马路(今福州路)岭南楼召开上海各界知名人士及新闻记者参与的茶话会,共商救济留学生办法,陈毅负责组织并担任会议记录。在此期间,听闻当局有将勤工俭学生遣送回籍的决定时,陈毅又代表学生团起草《宣言》,恳请各界帮助他们解决求学问题,并提出具体解决办法。归国学生团的种种努力在当时的社会上造成了很大的舆论声势,迫使上海当局暂时同意支付他们的食宿费和部分愿意回乡同学的路费。但是这并不能从根本上解决问题,归国学生的学习问题和在法勤工俭学生的费用问题仍是十分紧迫。

12 月 12 日前后,陈毅等干事部成员认为在上海空耗时日也不是办法,遂决定推举代表分赴北京、广州等处请愿,同时各省学生也纷纷推举代表回省向各地方当局交涉请愿。陈毅与黎纯一、伍桂馨被归国的川籍同学推举为回川代表。12 日晚他们三人乘坐"长安"号江轮离开上海返回四川,向地方政府陈述留法苦状,并商讨具体解决办法。值得一提的是,就在陈毅离沪前夕,早前在香港下船的蔡和森等人来沪,蔡和森劝陈毅加入共产党,或到苏联学习,陈毅答应蔡和森,愿意替共产党做书报发行工作。[48]

1922 年秋天,陈毅因不能帮留法同学解决问题而心中苦闷,又对军阀争权夺利极端厌恶,他对于寻求救国救民真理的欲望更加强烈了。他给蔡和森写了一封信,经蔡和森通信介绍,陈毅正式加入了社会主义青年团。[49]

1923 年秋,陈毅到北京西山脚下的中法大学就读。该校是李石曾、蔡元培为了收容被迫归国的赴法勤工俭学生而建的,费用由各地方当局共同负担。当时该校已有共产党支部,陈毅甫经入校,即经中法大学党支部负责人颜昌颐、萧振声的考察和介绍,于当年 11 月正式由中国社会主义青年团转入中国共产党,成为一名正式党员。次年 7 月,颜昌颐、萧振声毕业离校后,陈毅便担任中法大学党支部书记。[50]

1925 年下半年,陈毅被调到中共北京地委工作。同年底,陈毅从中法大学顺利毕业。由此开始,思想成熟、主义明确、已经探寻到一条正确光明的救国救民之途的陈毅,成为一名真正的职业革命者,走上了他波澜壮阔的革命道路。[51]

当陈毅再次登上黄浦江岸,踏上十里洋场的上海滩时,他已成为一名坚定的、肩负革命重任的红军将领。1926 年北伐开始后,陈毅先后在川军杨森部、邓锡厚部从事兵运工作。大革命失败后,陈毅南下加入朱德率领的南昌起义部队,在异常艰难的条件下,协助朱德领导红军转战赣、粤、湘边界地区。1928 年 4 月下旬,朱德、陈毅率部与毛泽东领导的部队在井冈山宁冈的砻市胜利会师,两部合编为工农革命军第四军,朱德任军长,毛泽东任党代表,陈毅任教导大队大队长。[52] 朱、毛两部红军的会师,揭开了井冈山根据地巩固、扩展的新篇章。

1929 年上半年,毛泽东、朱德和陈毅带领红军转战于赣南、闽西地区,逐渐打开了新的局面,但在关于设立红四军前委和军委问题上,也出现了一些争论。为了尽快消弭分歧,6 月 22 日,陈毅在龙岩城公民小学主持召开了中共红四军第七次代表大会。会议就红四军党内长期存在的建军思想和建军原则的分歧进行了讨论,并通过了由陈毅起草的《中国共产党红军第四军第七次代表大会决议案》,选举了新的前委班子,但还有部分问题未能妥善解决。会后,毛泽东离开红四军主要领导岗位,到闽西蛟洋养病并指导闽西特

章

委工作。[53]

　　1929 年 8 月上旬,根据中央指示和红四军前委决定,陈毅赴上海参加中共中央召开的军事会议并汇报红四军的情况。8 月中旬,陈毅抵达香港,并由此坐船前往上海。当时,陈毅的胞兄陈孟熙,作为川军刘存厚的代表常驻上海,另外其堂兄陈修和也在上海兵工厂任职。为了掩护和安全保障,陈毅提前给他两位兄长写了信。8 月 17 日,陈毅乘坐的香港英国轮船在黄浦江码头停靠,面对严密盘查的军警特务,陈毅正在筹划应对办法时,他的两位兄长已然上船,前来接他。当时,陈孟熙身穿绿呢军装,胸前佩戴着上海龙华警备司令部的徽章,陈修和一身笔挺西服,两人都显得器宇不凡,俨然一副达官贵人、深不可测的样子。也正是这副打扮,他们带着一身长衫的陈毅顺利通过了军警的盘查,顺利到达了公共租界四马路新苏旅馆,这里便是陈毅暂住之地。随后,陈毅顺利地与中共中央接上头,并且向中央政治局常委李立三口头汇报了红四军的有关情况。李立三又向中央政治局扼要报告了陈毅谈话内容。经过讨论,会议决定召集临时政治局会议,由陈毅出席并做详细报告。[54]

　　8 月 29 日,陈毅在中共中央政治局会议上,做了关于红四军情况的详细汇报,中共中央总书记向忠发及政治局成员李立三、周恩来、项英、关向应等听取了汇报。9 月 28 日,中央政治局召开会议,讨论并通过了由李立三、周恩来、陈毅三人委员会集体研究、陈毅起草并经周恩来审定的《中共中央给红军第四军前委的指示信》（史称"九月来信"）。

值得一提的是，陈毅在上海一个多月的秘密工作时间里，受到了他两位兄长的大力协助和保护。当时，周恩来和李立三经常来新苏旅馆与陈毅聚会讨论，往往一谈就是几个小时。每到这时，陈孟熙就在外间房屋中摆设围棋，负责望风警戒，有时候还会与陈修和对弈几盘，表面看俩人悠然自得，其实他们注意力时刻都在高度集中，敏锐地观察着周围的环境。他们曾经在黄埔军校学习，周恩来是他们的教官，他们对周恩来十分敬佩，大家见面也十分和谐融洽。因此，他俩在外放风，周恩来等人也非常放心。也正是陈毅两位兄长所提供的这种安全可靠的环境，才使得三人委员会能够深入地探讨问题，陈毅也能够顺利地完成撰写总结报告的任务。[55] 可以说，陈氏兄弟，对于革命做出了在特殊年代的特殊贡献，值得后人铭记。

上海，不仅是陈毅起航寻梦、并最终走上革命道路的出发地，还是他担任中华人民共和国首任上海市市长、进行社会主义革命和建设的主阵地。1949 年 5 月，陈毅与粟裕、谭震林等三野主要负责人指挥了解放上海的战役。为了最大限度地减少对上海市区的破坏，陈毅等人制定了在市区外围歼敌、避免市区大打的原则，这种战术被形象地比喻为"瓷器店里捉老鼠"。上海这座中国最大的城市由此完整地回到了人民手中。[56]

1949 年 5 月 27 日上海解放。5 月 28 日，中国人民革命

1949年6月5日,中共上海市委致电中共中央、财政部,详细阐述了打击银元投机的五项办法

陈毅佩戴过的上海市军管会证章

中央人民政府任命陈毅为上海市人民政府市长的命令

军事委员会任命陈毅为上海市市长。同日,陈毅以上海市军
事管制委员会主任兼上海市市长的身份,接管旧上海市政府,
并宣布上海市人民政府成立。陈毅不仅直接主持确定接管上
海的具体政策和措施,更是亲自深入社会,注重调查研究,密
切联系群众,与上海各界人士积极沟通,将他们紧密地团结在
党和政府的周围,有力地推动了接管工作的顺利开展。[57]

　　陈毅在上海市市长任上,对于上海的发展倾注了大量的
心血。他积极参与上海的各项建设,领导和指挥了取缔银元
和外币投机行为的斗争,稳定了物价,恢复了市场秩序。[58]
面对蒋介石集团在海上的全面封锁,陈毅主持华东局和上海

市委制定了"六大方针、五大任务",并在全市范围内开展动员工作,领导上海人民进行了反封锁斗争。至 1949 年 11 月,上海纺织业私营纱厂产量增加了 75%,机器工业由原来开工的 20% 增长至 60%,经济开始全面复苏。[59] 陈毅还十分重视统战工作,在他的领导下,上海市人民政府与上海各行各业的资本家举行座谈会,通过与资本家交流谈心,消除了资本家对于新政权的疑虑和恐惧心态,激发了上海资本家与人民政府同心同德、共同为建设新中国而贡献力量的热情。

在上海科教文化事业的发展方面,陈毅不仅指示党政工作人员要充分尊重知识分子,还积极组织知识分子参加政治活动,帮助他们提高政治思想觉悟,指导他们在各自岗位上发挥自己独有的贡献。陈毅还与上海很多文化名人建立了良好的友谊,在生活、工作等方面给予他们力所能及的帮助和关照,深得上海知识分子的欢迎和信任。[60] 此外,在对旧上海的帮会势力、妓院烟馆等糟粕的整顿清理上,陈毅也是亲自参与、直接指挥,通过严厉措施,在短期内即取得了很好的效果,使得以前所谓的鱼龙混杂、光怪陆离的"冒险家的乐园"的上海,焕然一新。当时的外国报纸对上海的这种改天换地的变化赞叹不已,认为"解放了的上海,再也不是'世界污水沟'了!""新的人民政府管理下的上海,是东方的骄傲!"[61]

可以说,陈毅的革命生涯和对新中国的建设事业,都是从上海这座英雄的城市起步的。上海对于陈毅而言,有着非同寻常的重要意义。

四、"龙潭虎穴"中的革命先烈

从上海出发的赴法勤工俭学生中,涌现出了一批优秀的马克思主义者,如蔡和森、赵世炎、陈延年、陈乔年等人。他们怀揣追求真理与新知的梦想,从上海黄浦江边踏上赴法求学之路,也由此走上了马克思主义指引的革命之路。他们从海外归国后,也曾在上海,乃至是虹口一带从事地下革命活动,有些人甚至在上海献出了自己的生命,用鲜血浇灌着自己的信仰之花和求真之路。这些人因为与上海有着特殊的联系,他们的革命经历又有着相似之处,在革命的道路上携手同进,故可将其视为一个特殊群体。

赵世炎,1901 年 4 月 13 日出生于四川酉阳县龙潭镇一户小康之家。父亲赵登之,在镇上开设一家小店铺,母亲陆氏,出身寒微,勤劳朴实。赵世炎二哥赵世珏,早年参加同盟会,并时常从外地寄回一些通俗革命书籍供弟妹阅读。赵世炎自幼即从这些书刊中得到革命启发。1915 年 8 月,赵世炎考入国立北京高等师范学校附属中学,深受该校民主空气和学术空气的影响,思想和视野有了很大的开拓。1917 年,赵世炎结识李大钊,并参与筹备"少年中国学会"的活动。五四运动时,被选为附中学生会干事长,领导学生运动,开始投身革命斗争。1919 年秋,赵世炎进入吴玉章在北京创办的

赵世炎像

1920 年 5 月 9 日，赵世炎（第三台阶右 1）等赴法勤工俭学生乘坐法国邮船
"阿尔芒勃西"号赴法，抵达马赛后的合影

法文专修馆学习,同时还主办了《工读》半月刊和《平民》周刊,提倡在中国实行社会主义。1920 年,北洋政府封闭了《工读》半月刊。赵世炎下定决心到法国勤工俭学,进一步寻求救国救民的革命真理。[62]1920 年 5 月 9 日,赵世炎乘坐法国邮轮"阿尔芒勃西"号启程赴法,6 月 15 日,到达法国马赛。

蔡和森,名稣山,字润寰,学名彬,1895 年 3 月 3 日生于上海。原籍湖南省湘乡永丰镇(今属双峰县)。父亲蔡蓉峰,曾在江南制造局任职。母亲葛兰英(后改名健豪),出身名门,富有正义感和爱国心,常以秋瑾的革命精神教育子女[63],对蔡和森兄妹影响较大。1913 年考入湖南铁路专门学校,后转入湖南省立第一师范学校、湖南高等师范学校专修科文学部学习。在长沙就学期间,蔡和森联合毛泽东等人一起组织进步团体新民学会。[64]1918 年 6 月,蔡和森北上进京,在杨昌济的引荐下,先后拜访了华法教育会的主持人蔡元培、李石曾等,请其为湖南青年赴法勤工俭学提供帮助。1919 年 6 月底,蔡和森返回长沙,积极宣传赴法勤工俭学,并动员自己妹妹蔡畅、母亲葛健豪、学友向警予等人一同赴法。1919 年 12 月 25 日,蔡和森偕母亲、妹妹等 30 多人,由上海乘法国邮船"益特莱蓬"号赴法,并于 1920 年 1 月 30 日抵达法国马赛。[65]

与蔡和森、蔡畅一行同船赴法的,还有陈延年、陈乔年兄弟。陈延年,又名遐延,原籍安徽怀宁,1898 年出生于安庆城。陈乔年,是陈延年的胞弟,1902 年出生于安庆城。陈氏兄弟的父亲为陈独秀,母亲为高晓岚。陈氏兄弟从童年开始,

章

蔡和森像

就生活、学习在一起。1913年,陈独秀因协助安徽都督柏文蔚举兵讨袁失败,被袁世凯通缉,致使陈氏兄弟险遭军阀逮捕,这让他们对封建军阀的残暴有了切身的体验。[66]

　　1915年,陈独秀从日本回到上海。之后,陈独秀将陈氏兄弟接到上海读书。延年在法国巡捕房附设的法语补习学校学习法语,乔年在上海法文协会读书。1917年陈独秀应北京大学校长蔡元培之邀,赴北大任文科学长。陈氏兄弟则继续留在上海学习,并开始独立生活。不久,他们两人都考入震旦大学,继续攻读法语,兼习其他课程。因陈独秀将大部分收入用于革命宣传活动,给陈氏兄弟的生活费有限,兄弟二人在上海求学时生活很艰苦。据同乡潘赞化回忆,当时陈氏兄弟一度寄宿于《新青年》杂志发行所,"白天在外工作谋生自给,食则夸饼,饮则自来水,冬仍衣袷,夏不张盖"[67],但是这一经历也磨砺了他们的意志,他们开始思考国家民族的前途与出路问题。1919年下半年,陈氏兄弟被"勤于作工,俭于求学"的号召所吸引,抱着寻求救国救民真途大道的期待,决定赴法勤工俭学。1919 年 12 月 25 日,陈氏兄弟在上海黄浦码头乘坐法国邮轮"盎特莱蓬"号启程赴法。

赵世炎、蔡和森、陈延年和陈乔年这些有志青年怀揣寻求真理与新知的梦想,从上海黄浦江边启航远行,不畏艰险,万里迢迢至法国后,很快就找到了相同的发展方向和革命路径。

赵世炎抵达法国巴黎后,先后进入多家铁工厂做工,因不懂技术,仅能从事一些杂活、累活。他在做工的同时,每天都抽时间自学,时常与勤工俭学同学讨论国内外大事,还积极向国内期刊投稿,报道勤工俭学情况。在实际的劳动生活中,赵世炎对于资本主义剥削制度的本质有了更为深刻的认识,这也加深了他对社会改造问题的思考,他坚信中国革命必须走俄国革命的道路,必须进行无产阶级革命和无产阶级专政。此外,为了组织在法华工,团结广大勤工俭学生,赵世炎还与李立三共同发起成立了"劳动学会"和"华工组合书记部",明确提出无产阶级必须组织工人才能进行革命斗争的思想,并在华工中建立"消费合作社""工会读书会"等组织,积极宣传马克思主义。[68] 赵世炎还积极与蔡和森联系,专程到蔡和森住处蒙达尼,当面讨论并交换意见,双方取得共同的认识,加强了赴法勤工俭学生的组织力量。萧三对此曾予以高度评价:"即时留法的几部分中国工人、学生、共产主义者,最初彼此联络甚少,各自活动,世炎同志出面组织出来，逐成大的团体，成为在发展中国共产主义运动、组织中国共产党的策动力之一。"[69]

与此同时，蔡和森到法国后，收集了有关马克思主义和介绍俄国十月革命的小册子百余种，计划编译成丛书，向国内广泛介绍。他还将自己翻译的有关马克思主义的小册子给勤工俭学生阅读，主动找他们谈话，促使很多人学习并接受马克思主义。[70]而陈延年和陈乔年兄弟，在法国勤工俭学时，也开始学习并接受马克思主义，在赵世炎等人的帮助下，二人还参与发起成立旅欧中国少年共产党。陈延年还是中共旅欧支部负责人之一。

1921年底，蔡和森因参加抗议里昂中法大学拒收勤工俭学生运动，被法国当局遣送回国。1923年3月18日，陈延年、陈乔年与赵世炎等人，从巴黎出发赴莫斯科，不久，进入东方大学学习，进一步提升了马克思主义理论水平和分析实际问题的能力。

1924年夏，赵世炎被李大钊指名列席了共产国际第五次代表大会和赤色职工国际大会。同年秋，赵世炎回到北京，中共中央任命他为中共北京区委委员兼地委委员长，协助李大钊领导北方的革命斗争。1926年5月，赵世炎参加完在广州召开的第三次全国劳动大会后，来到上海向中共中央汇报劳动大会的情况，被中共中央任命为中共上海区委（江浙区委）组织部部长兼上海市总工会的党团书记，后又任中共江浙区委第二书记。[71]同年夏天，组织上将其妻夏之栩调到中共上海区委(江浙区委)当秘书,和赵世炎生活在一起。当时,夏之栩已怀有几个月身孕。赵世炎夫妻与罗亦农同住在北四川路志安坊 190 号的一座小楼里。为了掩护工作,赵世炎与罗亦农扮作兄弟,他们生活在一起也真像一对亲兄弟。[72]

赵世炎非常重视对总工会的领导。他不仅主持召开上海市总工会第三次代表大会,提出十一条最低复工总要求,还在区委主席团会议上提出整顿总工会的建议,更是在中共上海区委活动工作同志大会上,明确主张党组织要扩大吸收革命分子和实行"一切工作归支部"的原则。同时,赵世炎以实际行动,深入工厂和工人家中去了解具体情况和指导斗争。如他时常到秘密接头点鸭绿路久耕里(今虹口区海宁路与峨眉路交叉附近的久耕小区)一个木匠铺的楼上,和工人们开会讨论,认真物色和培养积极分子,还直接主持了该支部第一批党员的入党仪式和党支部成立大会。在赵世炎的领导下,上海市总工会机关党的领导得到加强,工人党员的思想和工作能力也有了显著提高,工人罢工的声势越来越大,范围越来越广,参与人数也越来越多。[73] 因此,上海工人大众对赵世炎的名字非常熟悉,他在工人群众中有着极高的威信,大家都十分信任他。[74] 有时候党组织布置工作贯彻不下去时,只要说"这是施英(赵世炎化名)同志的指示",工人便会二话不说地去执行,或者行动起来干劲十足。[75]

1926 年六七月间,受中共上海地方委员会领导的上海军委会建立,赵世炎任军委会成员。为了准备上海武装起义,赵世炎负责以会议形式开展武装干部的训练工作,他要求各部委(区委)都抽调一个管武装的委员参加训练。为保证起义成功,赵世炎将各项工作布置得很周详,比如"对使用武器、组织武装及运送武器等,他都亲自组织大家作演习"。[76]在总结前两次起义失败教训的情况下,1927年3月21日下午1时,周恩来、赵世炎和罗亦农领导的上海工人阶级第三次武装起义开始。赵世炎不顾个人安危,连夜亲临前线,在宝山路口火车站、商务印书馆工厂等地指挥作战,与敌人展开激烈战斗。[77]经过前两次起义锻炼的上海工人阶级,仅以150支枪和3颗手榴弹,与敌人血战30个小时,消灭直鲁联军和上海警察5000多人,取得武装起义的完全胜利。[78]

不久,蒋介石发动四一二反革命政变,上海处于白色恐怖之下,革命形势非常危急。赵世炎却对革命前途充满信心,并没有丝毫动摇。据李立三回忆,当时的赵世炎对复杂形势和下一步的主张有着正确的分析,而且乐观地表示"要隐蔽起来,准备再干"。[79]4月27日至5月9日,赵世炎到武汉出席中国共产党第五次全国代表大会并被选为党中央委员。会后,他马上返回上海,继续从事秘密革命活动。据黄逸峰回忆,赵世炎生活作风艰苦朴素,为人严肃谨慎,特别强调组织性纪律性。[80]赵世炎还经常鼓励大家,要坚定革命信心,相信最后的胜利一定会到来。

6月下旬,中共江苏省委机关被敌人破坏,并逮捕了陈延年、郭伯和等人。赵世炎为了营救陈延年,积极奔走,想尽各种办法。7月2日,淞沪警备司令部派出侦探会同租界巡捕,突袭了北四川路志安坊190号赵世炎的家,赵世炎被捕。[81] 赵世炎在狱中仍然坚持斗争。据梁桂芬回忆,赵世炎在狱中鼓励被捕同志说:"革命就是要流血的,要改造社会就要付出代价。"[82]

1927年7月19日,敌人杀害了赵世炎。行刑时,赵世炎还高呼:"中国共产党万岁!""打倒新军阀!"

蔡和森被遣送回国后,曾在党中央于上海创办的平民女校任教,并酝酿撰写《社会进化史》一书。1922年7月,他参加在上海召开的中国共产党第二次全国代表大会,当选为中央执行委员,并负责主编中央理论周报《向导》。1923年党的三大以后,蔡和森又留在中央机关处理中央具体事务。当时中共中央局所在地是在上海原闸北香山路(今临山路)、公兴路口的三曾里的一幢普通的石库门里。蔡和森便居住于此,专心工作。也是在这一时期,蔡和森还应邀到上海大学担任教授,讲授社会进化史课程。据说他上课时观点新颖,深入浅出,生动活泼,深受学生喜爱。[83]

1925年五卅运动爆发,蔡和森积极投身这场革命运动的领导之中。他率先在党中央会议上提出"要把工人的经济斗争与目前正在蓬勃发展的反帝斗争汇合起来"的主张,直接推动了大规模的反帝示威游行的进行。1925年10月28日,根据党中央的安排,蔡和森、李立三和向警予等人赴莫斯科中山大学,以中共代表团团长身份驻共产国际。1927
年春,蔡和森回国,在同年 5 月召开的中共五届一中全会上
当选为中央政治局委员、常委。八七会议上,他提出开展土
地革命和独立武装斗争的主张,为党确立土地革命和武装反
抗国民党反动派的总方针做出贡献。1928 年,在党的六大
当选为政治局委员、常委兼中共中央宣传部部长。1931 年 3
月,党中央派其到广东任中共两广省委书记。同年 6 月,因
叛徒出卖,蔡和森在香港被捕,并被港英当局引渡到广州。8
月 4 日,蔡和森在广州军政监狱壮烈牺牲,时年 36 岁。[84]

　　1924 年夏,随着国内革命形势渐趋高涨,党内急需大批
干部领导革命斗争。按照党中央安排,陈延年于 9 月底由苏
联回到上海。同年 10 月上旬,抵达广州,参加中共广东区委
工作。1927 年 4 月,陈延年被中共中央任命为上海党委员
会的临时书记。他至上海后,很快即与中共上海区委(江浙
区委)书记罗亦农、赵世炎等人取得联络。当时的上海,蒋
介石刚刚发动了四一二反革命政变,整个城市陷入一片腥风
血雨之中。4 月下旬,在上海党组织召开的两次重要会议上,
陈延年支持周恩来提出的武装讨蒋的意见,并特别强调要乘
蒋介石集团势力未稳之际,团结和依靠上海党的力量准备反
蒋。4 月 22 日,李立三、罗亦农离沪赴汉参加中共五大,陈
延年接替罗亦农任中共上海区委(江浙区委)代理书记。[85]

　　1927 年 5 月,陈延年搬迁至窦乐安路(今多伦路 189 号)
赵世炎家居住。他与赵世炎每天天一亮就起床出门工作,当

陈延年像

时的上海区委机关在北四川路施高塔路恒丰里104号（今山阴路69弄90号），陈延年多半时间会在这里，与同志们商讨工作，布置任务。由于工作繁忙，他常常不能按时回家吃饭。晚上到家后，他还会抓紧时间看文件、研究工作，或者与赵世炎、王若飞等开小会，每晚都到12点以后才休息。当时，上海及江浙地区的党组织经常被破坏，大批党员被屠杀，陈延年用尽一切力量克服艰难险阻，相继恢复和整顿党和工会的组织，团结和巩固革命的力量。在白色恐怖笼罩下，陈延年非常重视党组织和同志的安全，他将原来集中于同一个弄堂的秘密机关分散设置，还教育同志不能心存侥幸。中共五大以后，上海区委被撤销，陈延年任江苏省委书记。1927年6月26日下午，陈延年、郭伯和等人在恒丰里104号省委机关被捕，刚刚组建的江苏省委机关遭到重大破坏。陈延年在狱中受尽敌人酷刑，被折磨得体无完肤，但他以钢铁般意志，拒

陈乔年像

绝向敌人吐露一丁点党的秘密。1927 年 6 月 29 日夜或 30
日,陈延年被敌人秘密杀害于上海枫林桥监狱附近的刑场,
时年 29 岁。[86]

　　1925 年秋,陈乔年由苏联回国。他先后担任中共北京
区委兼北京地委书记、中共北方区委组织部长,并被选为中
共北方区委出席中共五大的代表。1927 年,在中共五大会
议上,陈乔年被选为中央委员,并从 5 月至 7 月,担任中共中
央组织部副部长,一度主持组织部工作。1927 年 7 月,汪精
卫发动七一五反革命政变,革命形势极端危急。8 月 7 日,
中共中央在汉口召开紧急会议(即八七会议),陈乔年作为
中央委员出席八七会议。会后,中共中央调陈乔年担任中共
湖北省委常委兼组织部部长,同年 11 月,又担任湖北省委书
记,并领导发动了罢工、罢市等多种形式的斗争。[87]

　　1927 年 9 月底至 10 月上旬,中共中央机关由武汉迁往上海。同年底，陈乔年从湖北来到上海。1928年初，中共中央任命陈乔年为中共江苏省委常委，主要偏重于党内组织工作。当时，全国革命形势正处于低潮，整个上海到处弥漫着腥风血雨，笼罩在一片白色恐怖之下。陈乔年除了参加党组织规定的各种会议外，还经常到各区、县进行巡视指导，尽量固定时间、地点开展下级党组织接待工作。与此同时，根据中共中央指示，江苏省委、各区委及支部，需要尽快完成改组。为了在规定时间内完成工作，陈乔年经常和省委组织科的同志秘密深入各区、各工厂以及学校等单位，召集会议展开讨论，联络同志布置工作，在与敌人巧妙周旋中努力推进工作。1928年2月16日上午，陈乔年在上海公共租界北成都路刺绣女校主持召开各区组织工作会议时，被租界巡捕包围了会场，包括陈乔年在内的中共党员5人被捕。不久，陈乔年等人被公共租界临时法院引渡到国民党淞沪警备司令部的龙华监狱关押。敌人在狱中对陈乔年施尽酷刑，但他始终没有透露一点党的机密。1928年6月，敌人在龙华监狱杀害了他，年仅26岁。临刑前，陈乔年乐观地对监狱的同志们说："让我们的子孙后代享受前人披荆斩棘的幸福吧！"[88]

注 释

1. 黄新宪:《中国留学教育》,四川教育出版社 1990 年版,第 151 页。

2. 李喜所主编,元青等撰著:《中国留学通史·民国卷》,广东教育出版社 2010 年版,第 98—99 页。

3. 鲜于浩:《留法勤工俭学运动史稿》,巴蜀书社 1994 年版,第 9 页。

4. 鲜于浩:《留法勤工俭学运动史稿》,巴蜀书社 1994 年版,第 38 页。

5. 鲜于浩:《留法勤工俭学运动史稿》,巴蜀书社 1994 年版,第 56—58 页。

6. 中共中央文献研究室编:《邓小平年谱(1904—1974)》,中央文献出版社 2009 年版,第 8 页。

7. 李喜所主编,元青等:《中国留学通史·民国卷》,广东教育出版社 2010 年版,第 103 页。

8. 王奇生:《中国留学生的历史轨迹 1872—1949》,湖北教育出版社 1992 年版,第 72 页。

9. 《留法学生今日放洋》,《申报》1919 年 8 月 14 日。

10. 鲜于浩:《留法勤工俭学运动史稿》,巴蜀书社 1994 年版,第 49—50 页。

11. 李喜所主编,元青等:《中国留学通史·民国卷》,广东教育出版社 2010 年版,第 104 页。

12. 李喜所主编,元青等:《中国留学通史·民国卷》,广东教育出版社 2010 年版,第 107—108 页。

13. 李喜所主编,元青等:《中国留学通史·民国卷》,广东教育出版社 2010 年版,第 109—111 页。

14. 鲜于浩:《留法勤工俭学运动史稿》,巴蜀书社 1994 年版,第 171—177 页。

15. 王奇生:《中国留学生的历史轨迹 1872—1949》,湖北教育出版社 1992 年版,第 71 页。

16. 谷安林主编:《中国共产党历史组织机构辞典》,中共党史出版社、党建读物出版社 2019 版,第 14 页。

17. 中共中央党史研究室:《中国共产党历史第一卷(1921—1949)》,中共党史出版社 2011 年版,第 66 页。

18. 中共中央文献研究室编:《周恩来年谱(1898—1949)》(修订本),中央文献出版社

注　释

1998 年版，第 56—61 页。

19. 金冲及主编：《周恩来传》，中央文献出版社 2008 年版，第 82 页。

20. 谷安林主编：《中国共产党历史组织机构辞典》，中共党史出版社、党建读物出版社 2019 版，第 59 页。

21. 黄新宪：《中国留学教育》，四川教育出版社 1990 年版，第 160—161 页。

22. 李喜所主编，元青等：《中国留学通史·民国卷》，广东教育出版社 2010 年版，第 113 页。

23. "Foreign Ports", *The North-China Daily News*, March 17, 1919.

24. 《送留法勤工俭学会学生之演说》，《晨报》1919 年 4 月 10 日。

25. 《留法勤工俭学会学生首途》，《时报》1919 年 3 月 18 日。

26. 如 1911 年 4 月 19 日、21 日，宗方小太郎为迎送日本皇室成员东伏见宫一行人，就是从海关码头乘坐驳船到停泊于汇山码头前之"加茂丸"的。[日]宗方小太郎：《宗方小太郎日记》（下册），甘慧杰译，上海人民出版社 2016 年版，第 865—866 页。《远东运动会华选手昨晨放洋》，《申报》1923 年 5 月 14 日；《世界航业新趋势》，《申报》1928 年 11 月 4 日。

27. "Foreign Ports", *The North-China Daily News*, March 17, 1919.

28. 《欢送第二次赴法国留学生》，《申报》1919 年 3 月 29 日。

29. "Arrivals", *The North-China Daily News*, August 12, 1919；[日]宗方小太郎：《宗方小太郎日记》（中册），甘慧杰译，上海人民出版社 2016 年版，第 737 页。

30. "Foreign Ports", *The North-China Daily News*, April 14, 1919,.

31. "Foreign Ports", *The North-China Daily News*, October 20, 1919.

32. "Arrivals", "Foreign Ports," *The North-China Daily News*, October 30, 1919.

33. "Arrivals", "Departures", *The North-China Daily News*, May 10, 1920.

34. "Foreign Ports", *The North-China Daily News*, May 5, 1920.

35. 清华大学中共党史教研组：《中国现代革命史资料丛刊：赴法勤工俭学运动史料》第二册（上），北京出版社 1980 年版，第 129 页。

36. "Waterfront", *The Shanghai Times*, Dec 25, 1919. 《关于留法学生之记载》，《时报》1919 年 12 月 26 日。

注 释

37. 李永春编著:《蔡和森年谱》,湘潭大学出版社 2008 年版,第 53 页。

38. 陈毅:《早年回忆》,聂元素、陈昊苏等编:《陈毅早年的回忆和文稿》,四川教育出版社 1981 年版,第 19 页。

39. 刘树发主编:《陈毅年谱》上卷,人民出版社 1995 年版,第 33—36 页。

40. 刘树发主编:《陈毅年谱》上卷,人民出版社 1995 年版,第 38 页。

41. 刘树发主编:《陈毅年谱》上卷,人民出版社 1995 年版,第 40 页。

42. 刘树发主编:《陈毅年谱》上卷,人民出版社 1995 年版,第 38 页。

43. 陈毅:《我两年来旅法勤工俭学的实感》,聂元素、陈昊苏等编:《陈毅早年的回忆和文稿》,四川教育出版社 1981 年版,第 48—50 页。

44. 刘树发主编:《陈毅年谱》上卷,人民出版社 1995 年版,第 42—43 页。

45. 刘树发主编:《陈毅年谱》上卷,人民出版社 1995 年版,第 44—45 页。

46. 黄文明编著:《陈毅传》,贵州人民出版社 2001 年版,第 8 页。

47. 刘树发主编:《陈毅年谱》上卷,人民出版社 1995 年版,第 46—49 页。

48. 刘树发主编:《陈毅年谱》上卷,人民出版社 1995 年版,第 53—55 页。

49. 黄文明编著:《陈毅传》,贵州人民出版社 2001 年版,第 10—11 页。

50. 黄文明编著:《陈毅传》,贵州人民出版社 2001 年版,第 12—13 页。

51. 黄文明编著:《陈毅传》,贵州人民出版社 2001 年版,第 14 页。

52. 刘树发、王辅一:《陈毅》,中国中共党史人物研究会编:《中共党史人物传·军事卷》中册,中共党史出版社 2010 年版,第 64—68 页。

53. 刘树发主编:《陈毅年谱》上卷,人民出版社 1995 年版,第 133—135 页。

54. 刘树发主编:《陈毅年谱》上卷,人民出版社 1995 年版,第 136 页;陈毅纪念馆编写,张德银主编:《共和国元帅系列:陈毅》,中央文献出版社 2017 年版,第 25 页。

55. 陈毅纪念馆编写,张德银主编:《共和国元帅系列:陈毅》,中央文献出版社 2017 年版,第 28 页。

56. 朱敏彦:《中共党史人物研究荟萃》,复旦大学出版社 1993 年版,第 337 页。

57. 朱敏彦:《中共党史人物研究荟萃》,复旦大学出版社 1993 年版,第 338 页。

58. 陆米强:《陈绍康中共党史研究文集》,上海古籍出版社 2007 年版,第 285 页。

59. 高秀用编著:《中国元帅的故事》,黄河出版社 1997 年版,第 84 页。

注 释

60. 陈丕显：《雄才大略，襟怀坦荡——怀念敬爱的陈毅同志》，中国人民政治协商会议上海市委员会文史资料编委会编：《上海文史资料选辑》第68辑，上海人民出版社1991年版，第10—11页。

61. 黄文明编著：《陈毅传》，贵州人民出版社2001年版，第308—309页

62. 中共四川省委党史研究室编：《四川党史人物传》第1卷，四川人民出版社2016年版，第126—129页。

63. 《蔡和森》，中华人民共和国民政部编：《中华著名烈士》第8卷，中央文献出版社2001年版，第665页。

64. 《蔡和森：中国共产党早期杰出的理论家》，胡申生编著：《从上海大学（1922—1927）走出来的英雄烈士》，上海大学出版社2020年版，第6—7页。

65. 《蔡和森》，中华人民共和国民政部编：《中华著名烈士》第8卷，中央文献出版社2001年版，第667—668页。

66. 《陈延年》，《陈乔年》，中国中共党史人物研究会编：《中共党史人物传：精选本·英烈与模范卷》，中共党史出版社2010年版，第436、423页。

67. 《陈延年》，中国中共党史人物研究会编：《中共党史人物传：精选本3·英烈与模范卷》，中共党史出版社2010年版，第437页。

68. 《赵世炎》，中共四川省委党史研究室编：《四川党史人物传》第1卷，四川人民出版社2016年版，第130—132页。

69. 萧三：《悼赵世炎同志》，中共中央党史研究室科研管理部编：《赵世炎百年诞辰纪念集》，中共党史出版社2001年版，第308—309页。

70. 《蔡和森》，中华人民共和国民政部编：《中华著名烈士》第8卷，中央文献出版社2001年版，第668—670页。

71. 姚仁隽：《赵世炎传》，中共党史出版社1998年版，第163—164页。

72. 姚仁隽：《赵世炎传》，中共党史出版社1998年版，第178—179页。

73. 姚仁隽：《赵世炎传》，中共党史出版社1998年版，第171—175页。

74. 徐梅坤：《回忆赵世炎同志》，中共中央党史研究室科研管理部编：《赵世炎百年诞辰纪念集》，中共党史出版社2001年版，第200页。

75. 刘锡武：《对世炎的一点回忆》，中共中央党史研究室科研管理部编：《赵世炎百年

注 释

诞辰纪念集》,中共党史出版社 2001 年版,第 257 页。

76. 黄逸峰:《赵世炎在上海的斗争》,中共中央党史研究室科研管理部编:《赵世炎百年诞辰纪念集》,中共党史出版社 2001 年版,第 251—252 页。

77. 徐梅坤:《回忆赵世炎同志》,中共中央党史研究室科研管理部编:《赵世炎百年诞辰纪念集》,中共党史出版社 2001 年版,第 200—202 页。

78. 中共四川省委党史研究室编:《四川党史人物传》第 1 卷,四川人民出版社 2016 年版,第 147 页。

79. 李立三:《回忆赵世炎同志》,中共中央党史研究室科研管理部编:《赵世炎百年诞辰纪念集》,中共党史出版社 2001 年版,第 84 页。

80. 黄逸峰:《赵世炎在上海的斗争》,中共中央党史研究室科研管理部编:《赵世炎百年诞辰纪念集》,中共党史出版社 2001 年版,第 252 页。

81. 姚仁隽:《赵世炎传》,中共党史出版社 1998 年版,第 225—227 页。

82. 朱英如:《上海工人三次武装起义时的赵世炎》,中共中央党史研究室科研管理部编:《赵世炎百年诞辰纪念集》,中共党史出版社 2001 年版,第 234 页。

83. 《蔡和森》,胡申生编著:《从上海大学(1922—1927)走出来的英雄烈士》,上海大学出版社 2020 年版,第 7—8 页。

84. 《蔡和森》,胡申生编著:《从上海大学(1922—1927)走出来的英雄烈士》,上海大学出版社 2020 年版,第 9 页。

85. 中共上海市委党史研究室、龙华烈士纪念馆编,曹典:《陈延年画传》,上海人民出版社 2021 年版,第 131—136 页。

86. 中共上海市委党史研究室、龙华烈士纪念馆编,曹典:《陈延年画传》,上海人民出版社 2021 年版,第 137—146 页。

87. 中共上海市委党史研究室、龙华烈士纪念馆编,刘玉杰:《陈乔年画传》,上海人民出版社 2021 年版,第 81—83 页、第 116—131 页。

88. 中共上海市委党史研究室、龙华烈士纪念馆编,刘玉杰:《陈乔年画传》,上海人民出版社 2021 年版,第 144—156 页。

第 三 章

文 化 巨 匠 识 新 意

一、近代文化界赴欧考察和留学

近代中国的演进是一个逐渐接触、逐步了解和被动接受西方文化的历史过程,虽然在这一过程中有本国文化的自然排拒和抵制,但更多的是学习和接受。尤其是文化界人士,他们往往怀抱救国图强、启迪民众的宏愿,更加积极地了解和学习西方文化,并在这一过程中主动地进行对比鉴别,形成自己新的一套文化观念,进而以此指导自己和他人的实践活动。近代以来,出洋考察或留学是近代中国文化界名人认知西方世界的常见方式。

近代以来,尤其是民国以后,欧美世界发生的一系列重大的时代变化,对中国各界人士形成强大的吸引力。欧战以后,中国知识分子中间出现了赴欧考察的热潮。正如当时从美国留学归来的余日章、梅贻琦等人所指出,"欧战以后,欧洲各国的思想、道德、社会、经济,受了非常的震动,至今还在扰攘杌陧之中。他们的种种问题,倘不能满意解决,世界各国都不免大受厥累。无论美国怎样富,怎样强,无论中国怎

1933 年,赴欧考察戏曲音乐回国的程砚秋

1929 年,赴欧考察美术的画家梁鼎铭在其所乘赴
欧邮轮"安特来朋"号甲板上留影

样不管闲事,怎样身处局外,他们的恶影响,是周遍世界,谁也逃避不了的"。他们认为要深刻认识且找到解决这种困境的佳途,"除了前往欧洲实地观察之外,总不免有些隔靴搔痒"[1]。在当时人心中,代表西洋文化的欧洲究竟是怎样一个现状,不仅是中国人所急欲了解的,而且是全世界的人渴望探知的,这就直接促动了20世纪二三十年代中国知识分子大批涌向欧洲。他们"大多以一种学生的心态,怀着忧国忧民的深情和振兴中华的愿望赶赴欧洲考察和学习",犹如一位虔诚信徒的"朝圣"之旅。

其实,无论是世界大战的破坏和影响,还是各种思潮和理论的交互激荡,中国文化界都渴望从中找到可供中国社会发展的经验或启示。文化界名人如梁启超在第一次世界大战后前往欧洲考察,巴金前往法国留学,都是在这一时代背景下发生的。他们的这一选择可以说是文化界"开眼看世界"的具体表现,对于肩负家国责任和知识分子使命感的文化界人士而言,具有非同寻常的价值意义和历史作用。

二、欧游心影"记录者":梁启超

梁启超,1873年2月23日出生于广东省新会县熊子乡茶坑村的普通农家。其祖父梁维清秀才出身,曾担任乡中教谕,在乡间颇有威望。父亲梁宝瑛,无功名,为私塾先生,热心乡间公益,颇受乡亲认可。母亲赵氏,出身书香门第,以

"贤孝"闻名乡里。梁启超自幼便在祖父及父母的教导下，阅读四书五经，听祖父讲爱国历史故事，在寓教于乐的家庭教育中，初步奠定了传统文化和爱国主义思想基础。

　　梁启超少年时聪颖异常，被乡人称为"神童"。1884年，12岁的梁启超考中秀才，一时声动南海。1887年，入广东五大书院之一的学海堂就读。1889年，梁启超在广东乡试中中第，成为举人。1890年春，梁启超赴京参加会试，回乡途中在上海有过短暂停留。在沪上，梁启超首次阅读了《瀛环志略》，始才知晓世界有五大洲，同时他还见到很多上海制造局翻译出版的西学著作，对西学产生了最初的懵懂和好奇之心。[2] 同年秋，梁启超认识了康有为，并投入康有为万木草堂学习。1891年至1894年，青年梁启超在万木草堂接受了4年的系统学习，在康有为的启发教导下，成为一名有着新思想、新学问和新风气的青年学子。

　　1895年，中日甲午战争以清政府的惨败而结束，且被迫与日本签订丧权辱国的《马关条约》。消息传至北京，正在北京参加会试的各省士子，在康有为、梁启超等人的号召鼓动下，共同向清政府上书，提出"拒和""迁都"和"变法"的政治诉求，史称"公车上书"，梁启超由此开始走上政治舞台。此后，梁启超相继或主导或参与了创办《万国公报》（后更名为《中外纪闻》）与《时务报》、筹组强学会等活动，为鼓吹变法图强不懈努力。梁启超声名也在这一过程中日益鹊起，成为人们争相传颂的青年才俊。

1898 年,德国、沙俄相继侵占中国胶州湾、旅顺和大连港口,英法帝国主义继其后,掀起了在中国瓜分势力范围的浪潮,中华民族危机空前加重。在此背景下,康有为、梁启超等人上书光绪皇帝,陈述变法图强之必要性。在光绪帝的支持下,全国自上而下开始推行变法。1898 年 6 月 11 日至9 月 21 日是清政府实行变法的时期,后因慈禧太后发动政变,软禁光绪皇帝,并大肆捕杀维新派,持续仅百日的变法运动归于失败。维新变法失败后,梁启超在日本友人的协助下,东渡日本避难,开始其长达 14 年的海外流亡生活。

在海外流亡期间,梁启超继续鼓吹君主立宪制,并在日本创办《清议报》《新民丛报》等报刊,宣传维新变法思想。20 世纪初,革命潮流成为时代的主流,梁启超坚持君主立宪思想,与孙中山为首的革命派展开论战,双方在关于中国实行立宪还是共和以及如何实现这种政体等问题上进行了持续的辩论。梁启超作为曾经的维新派、此时的保皇派,反对在中国实行革命和共和制,主张通过改良路线实行君主立宪,他的这些政见被革命派一一批驳。这场论战在当时中国舆论界产生巨大影响,使更多的人认识到改良道路是行不通的,革命思想与民主共和观念开始深入人心,在很大程度上促进了人们思想的解放,为后来辛亥革命的爆发奠定了扎实的舆论和思想基础。[3]

辛亥革命后,梁启超回国积极参与政治活动,他不仅参与统一党、共和党、进步党等党派的创建与竞选活动,还担任北洋政府的司法总长,协助熊希龄内阁制定《政府大政方针宣言书》,试图在政治上有所作为。但随着袁世凯称帝活动日渐猖獗,梁启超与袁世凯矛盾也愈加凸显。1915年初,袁世凯与日本密商签订"二十一条",消息一经见报,举国哗然。梁启超更是撰写系列文章对此进行驳斥。1915年9月,梁启超发表《异哉所谓国体问题者》一文,公开抨击袁世凯复辟帝制的行为,立时引起社会的极大关注,产生了广泛且积极的社会影响。与此同时,梁启超联合蔡锷积极开展反袁斗争的准备工作。1915年12月25日,蔡锷、唐继尧等人联名通电全国,宣布云南独立,组成"护国军",武力讨袁。蔡锷等人在此时发布的《云贵致各省通电》和《云贵檄告全国文》,便是梁启超代为草拟。这些电文文笔犀利,锋芒毕露,历数袁世凯罪行,在当时起到了分化北洋集团、鼓动各省反袁的舆论力量作用。[4]在两广宣布独立后,梁启超又亲赴两广,充任两广都司令部参谋,为讨袁军队出谋划策。可以说,梁启超在反对袁世凯称帝、推动护国战争中发挥了极其重要的作用。

　　1916年6月,众叛亲离的袁世凯在惶恐羞愤之中病亡,护国战争取得胜利。梁启超又以在野身份暗中为皖系军阀、时任总理的段祺瑞出谋划策。但是,随后发生的府院之争、张勋复辟等政治事件,使得梁启超对于国政失去了信心,对于前途陷入迷茫。1918年底,一次大战结束,梁启超正式启程赴欧考察。

年轻时的梁启超

民国初年担任司法总长的梁启超

1915 年,梁启超发表《异哉所谓国体问题者》,抨击袁世凯复辟帝制

关于梁启超赴欧的目的,据他自己所言有二,"第一件是想自己求一点学问,而且看看这空前绝后的历史剧怎样收场,拓一拓眼界。第二件也因为正在做正义人道的外交梦,以为这次和会,真是要把全世界不合理的国际关系根本改造,立个永久和平的基础,想拿私人资格将我们的冤苦向世界舆论伸诉伸诉,也算尽一二分国民责任"[5]。可以看出,梁启超赴欧,既有通过考察第一次世界大战后欧洲世界以增进自身对于西方文明认识的渴求,也有以个人身份参加巴黎和会,为中国在国际社会发声和争取权益的公念,这或许也是他对于国内政局失望后转而寻求心灵慰藉和个人价值实现的一条途径。

1918 年 12 月 28 日,梁启超偕蒋百里、丁文江、张君劢等人,从上海乘坐日本邮船会社的"横滨丸"西行赴欧。经新加坡,过槟榔屿,再渡印度洋,过苏伊士运河,横穿地中海,梁启超一行于 1919 年 2 月 11 日抵达英国伦敦,正式开始其一年之久的欧洲考察活动。梁启超在欧洲一年中,总括而言,是以巴黎为中心开展活动的。他于 2 月 18 日便抵达巴黎,在考察社会风情的同时,还代表中国做舆论的鼓吹。6 月赴英考察,7 月游比利时,8 月游荷兰与瑞士,9 月游意大利,12 月游德国,可以说他将欧洲主要国家都考察了一遍。在这一系列的考察活动中,他对于西方的政治、社会、文化、经济乃至民情风俗,都有了更为全面深刻的了解。

初抵伦敦,梁启超对欧洲君主立宪制的源起地英国便怀

梁任公电告翰日山渴乘横滨丸放洋研究会迎乘南下之代表宋育德熊正瑷黄华等昨已由渴来需即转車回京·

1918年12月31日《申报》关于1918年12月28日梁启超从上海乘坐日本邮船"横滨丸"赴欧考察的新闻报道

1919年,梁启超(前排左2)与友人摄于巴黎

着一份特殊的感情。君主立宪制是他曾努力奔走数十年的政治理想,现在他亲赴英国考察,复杂的心情由此可知。战后残生的英国社会,经济萧条,人民贫困。梁启超却从中看到了英国人为了避免亡国,而举国一致对外、牺牲个人利益的爱国精神。他还参观了英国的上下两院,到下议院旁听会议,英国议员在会场的自由辩论深深地吸引了他。对于英国人尊重法治的精神,梁启超表达了由衷的钦佩;他还由此联想到中国社会根本无法治可言,对军阀政客蔑视甚至歪曲和破坏法治的行为痛恨不已。[6]

　　1919 年 2 月 28 日,梁启超抵达巴黎。当时,第一次世界大战各战胜国在巴黎凡尔赛宫召开和平会议,中国政府也派出代表出席会议,并向和会提出了包括取消"二十一条"、收回德国在山东侵占的各项权利等一系列要求。梁启超虽然是以个人身份赴欧,但是他凭借自己的声望和影响力,在巴黎和会期间积极与各国政要见面沟通。他先后会见了美国总统威尔逊和英国、法国等外交代表,向他们表达了希望支持中国收回山东权益的愿望。同时,梁启超还以社会名流的身份受邀到法国"万国报界俱乐部"进行演讲,并借此机会向法国社会名流说明了山东权益对于中国的重要性,强调如果得不到合理解决可能会成为第二次世界大战的触媒,得到在场听众的热烈欢迎。尤其重要的是,当时中国因南北对峙,军阀混战,北洋政府在巴黎和会中势弱声小。梁启超在此时,便以个人身份,成为向国内传递信息的重要中介人。

第一次世界大战期间,中国学生游历西欧战场

第一次世界大战期间,华工在欧洲战场修筑道路

国内的林长民等人组织了国民外交协会,专门请梁启超担任
代表,以该会名义向巴黎和会请愿,表达中国民众对于收回
山东权益的决心。当山东问题因日本政府在巴黎和会上的
强硬态度而交涉失败后,梁启超又第一时间将这一消息告知
国民外交协会,由此在中国大地上掀起了一股"拒签和约"
的浪潮,并直接促动了五四爱国运动的发生。在此期间,梁
启超亲自见证了巴黎和会现场各国政要为各自利益,钩心斗
角,不顾国际道义的种种行径,还撰写了一系列的评论文章,
剖析了自己的深刻见解。梁启超以他超人的清晰头脑,敏锐
地指出:"这回和平喜剧,十有八九唱的是后台戏,许多变迁
曲折情形,局外人至今还不明白。"[7]也正是如此,梁启超看
清了巴黎和会的本质,对于国际正义的梦想也就此破灭。

　　除了积极参与巴黎和会的宣传报道外,梁启超还认真考
察了第一次世界大战的重要战场。1919 年 3 月 7 日至 17
日,梁启超考察了法国南部战场。他从马仑河经凡尔登,过
洛林州,再进入亚尔萨士州,折向莱茵河右岸联军占领地,
再假道比利时,沿着谟士河,穿过兴登堡线,抵梭阿桑,最后
南返巴黎。第二次战地考察,梁启超 4 月由巴黎出发,5 月
中旬返回巴黎,主要考察了法国北部战场。早在第一次世界
大战进行正酣时,梁启超就非常关注战争动态,在法国考察
战场前,他又对战事经过和形势变化进行了全面研究,故在
整个战地考察过程中,他都是驾轻就熟,并没有走马观花的
感觉。[8]

1920 年,《教育公报》1920 年第 7 卷第 7 期发表梁启超《欧游心影录》

在考察战地过程中,梁启超对于沿途所见的景象,慨叹良多。当他在凡尔登看到铁丝网和树上障穗依旧密布,被炮弹轰塌的半堵废墙底下,是一片片断砖碎瓦,加之路上的残雪,一股股寒气自然袭来,使得梁启超仿佛回到了两军厮杀的惨烈战场。他对此异常悲愤地说道:"自然界的暴力远不及人类,野蛮人的暴力又远不及文明人哩。"人类进入火器时代后,战争的破坏力和残酷性远远超过了冷兵器时代,这是现代文明社会的一个悖论,梁启超对此也是深有感触。当然,战地考察中,也有让梁启超眼前一亮,甚至是找到希望的激动与热情。在梅孜,他看到政府树立的一个纪念战争中失去生命的普通士兵的雕像,非常认同法国政府这种"平民化"的作风,认为这是表达出了人之所以为人的"真、深、善、美"的朴素且真挚的感情。在亚尔萨士和洛林两州,他眼见法国人浓厚的爱国热情,认为正是这种爱国主义,才使得法国免受他国侵略和欺凌,正是这种爱国热忱使得法国走进世界强国之林。他还由此联想到,中国屡受外国列强侵略,就是因中国普通大众的爱国主义和民族主义不够强烈,中国应该向法国多多学习。[9]梁启超还将他对于战地考察的感想写成了《战地及亚洛二州纪行》《西欧战场形势及战局概观》等文章,这些文章都成为其《欧游心影录》的组成部分。

巴黎和会结束后,梁启超又相继游览考察了比利时、瑞士、意大利和德国等国。他在比利时受到了比利时国王高规格的接待;在瑞士他登山观日出,还受到中国留学生的款待,在异国品尝到了中国美食;在意大利,梁启超在拿波里观看火山,观览威尼斯全城,尤其是在罗马,"日日与古为徒,几忘却尚有现代意大利人矣。每日玩奇披僻,晨出暮归,亦颇极劳瘁"[10]。在德国,梁启超考察了很多城市,但是作为战败国的德国,市场萧条,各商铺多有歇业,使得他不仅体会到战败国的况味,也愈加相信欧战导致的全欧破产的真实,对于现代战争带给人类的灾难和怆痛,也有了更为深切的体会。

梁启超欧洲之行的所见所闻、所思所感直接导致其旧有思想发生重大转变。作为曾经的维新派领袖,梁启超一直以来都将西方世界幻想为自由平等的热土,心向往之久矣,但当他真正踏上被战火蹂躏已极的战场时,那种直观的冲击力还是强烈地刺激他开始反思西方社会的利弊所在。他将目光转向西方社会内部后发现,随着资本主义社会机器大生产的发展,整个社会内部的贫富分化已经非常严重,阶级矛盾非常尖锐,已经到了必须用贫富战争才能解决的地步。由此,他对俄国社会主义革命有了更为深刻的理解,也对第一次世界大战发生的原因有了比同时代人更为本质性的认知。他在《欧游心影录》中便将欧战的爆发根本原因概括为,资本主义生产及贸易竞争,以及达尔文生物进化论的鼓动合力促发的。另外,他在巴黎和会期间眼见各列强为了各自利益不顾国际道义和人类良知,以强权为后盾任意牺牲小国和弱国利益的恶劣行径。所有这些,都促使梁启超开始认识到西方资本主义内在的弊端和矛盾,他开始认真且深刻地反思甚或质疑西方文明了。尤其是对于战前被欧洲人一直奉为圭臬的"科学万能"主义,也随着第一次世界大战炮火陷入破灭。当时,西方世界兴起了以柏格森为代表的强调精神生活和生命创化的生命哲学,其核心思想就是对现代性的反思。梁启超在巴黎时,也曾亲往拜访柏格森,向其当面请益,甚至还曾与柏氏商议来华讲学之事。虽然后来因故未能成行,但梁启超在《欧游心影录》中,还是将柏氏对于西方现代性反思的思潮介绍入中国思想界,引起了中国思想界的普遍反响。[11]

　　需要特别强调的是,梁启超欧洲之行,也成为他文化理念转变的一大契机,他由此开始重新审视中西文化。早在 20 世纪初流亡海外时,梁启超便形成了"中西融合"的文化观念。在欧洲考察后,随着梁启超对西方文明的反思和质疑,他开始将中西文明进行更为全面深刻的对比。他认为,西方文明不可能全盘移植到中国;而中国固有文明也不是十全十美,对于当代中国已不适用,但其植根于中国历史产生,自有其固有的优点。因此,他提出了中西融合的文化观,即"拿西洋的文明来扩充我的文明,又拿我的文明去补助西洋的文明,叫他化合起来成一种新文明"。用中国文明中的儒家、道家和墨家思想,以及互助精神,去救济西洋文明。梁启超的"中西融合"的文化观,虽然在如火如荼的五四新文化运动中,显得格格不入甚至特别突兀,但是他提出的文化继承问题、中西文化的同异短长问题及文化转型期的建设问题等,都是极具参考和启示价值的文化理念,对于后世乃至当前我们如何面对和处理文化冲突和融合,具有很好的指导作用。[12]

　　1920 年 1 月 23 日,梁启超从法国马赛乘船返国。3 月 5 日,梁启超抵达上海。梁启超回国后,便告别了政坛,不再涉足上层政治活动,开始专心于文化和学术事业,致力于兴办教育、培养人才,这也成为其最后 10 年倾注全部心力所从事的事业。梁启超抵达上海后不久,即应中国公学校长王敬芳之邀,承办中国公学。坐落于上海吴淞的中国公学原是清末部分留日归来的中国学生创办,但因经费短绌,长期处于发展缓滞状态。当时的校长王敬芳是河南福中煤矿公司总经理,意图将中国公学发展为大学,因此聘请在学界声望很高的梁启超来主持校务。梁启超从发展文化、培养人才的角度出发,也很愿意担此重任。梁启超接办中国公学后,以张东荪为教务长,请王敬芳继续担任校长,以便得到河南福中煤矿公司的经费支持。他还草拟《吴淞中国公学改办大学募捐启》,积极向社会各界募捐办学。他还通过海外关系,向海外华侨募捐,又带头将自己的稿酬捐出,以做表率。就是在这种艰难困境中,他们勉力维持着中国公学的办学。[13]

此外,梁启超还与同人创办共学社,成立讲学社,通过多种途径积极推动中外文化交流。1920 年 4 月,梁启超在上海主持成立共学社,该社以编译新书、铸造全国青年之新思想为己任,与商务印书馆合作,有组织、有步骤且成规模地编译了大批西方人文社会科学丛书,总数高达 100 多种。很多近代西方思想与文学名著都包括其中,如罗素的《哲学中之科学方法》、杜威的《平民主义与教育》、雨果的《活冤孽》和屠格涅夫的《父与子》等,都是此时翻译引入中国的。1920 年 9 月,梁启超等人在北京发起组织讲学社,从多种渠道筹集资金,先后聘请外国著名学者如杜威、罗素、杜里舒和泰戈尔等人来华讲学,促成了近代中国文化学术交流史上的空前壮举,使中国人首次直接接触和聆听西方现代学术思想,并在很大程度上促进了中国思想界的回应和反响。[14]梁启超从欧洲归国后的这些作为,与他在欧洲的所见所闻,及由此引起的思想文化观念的重大转变,有着直接且重要的关系。可以说,正是梁启超远赴欧洲考察,这种犹如在文化层面的"开眼看世界"活动,使他对于西方社会和文明有了更为深刻、全面的认识,也直接促使他开始对比反思中西文化的关系,提出了"中西融合"的文化理念,并进而以实际行动促进了中西文化学术的交流。

　　1925年,梁启超被聘为清华大学导师,为研究院学生授课。1929年1月19日,梁启超因病溘然长逝于北京协和医院,享年57岁。

三、春申江畔的"人民作家":巴金

　　巴金,原名李尧棠,字芾甘,1904年11月25日生于四川成都一个封建官宦人家。巴金原籍是浙江嘉兴,在其高祖李介菴时举家迁居四川成都。其曾祖李璠、祖父李镛都曾做过多年县官,在成都广置田产,兴建豪宅,成为地方富户。巴金父亲李道河,曾担任四川广元县令,后辞官归乡,协助李璠管理家庭。母亲陈淑芬,知书达理,为人性情平和、厚道,在巴金幼年时,即教导他要关爱和帮助所有的人,这对于巴金的性格影响很大。巴金祖父有两任妻子和一个姜室,共生六子一女。巴金父亲结婚两次,共生四子五女,巴金在家中排行老四。因此,巴金自幼便生活在一个成员众多且富裕的旧式家庭之中,这个旧式大家族也是他后来创作《激流》的原型家庭。

童年的巴金,常到他家公馆的门房、马房、厨房等场所,与仆人、马伕一起玩耍,听他们讲各种有趣的民间故事。时间一久,他也知晓了这些人的苦难身世,渐渐知道了社会是由"上人"和"下人"组成的,这是社会的不公平与不合理。后来,巴金眼看着曾经熟悉的那些仆人因病痛及苦难生活而死去、流浪,他幼小的心灵激起了"火一般的反抗思想",并且暗自宣誓"要做一个站在他们这一边、帮助他们的人"。[15]这对于巴金后来的社会思想和创作观念有着重要的影响。

巴金从小就在母亲及家庭老师的教育下,学习传统文化知识,他不仅熟读《白香词谱》和《古文观止》等古典文学作品,还阅读了章回小说《红楼梦》《说岳全传》《水浒传》《施公案》《彭公案》,这为他打下了扎实的传统文化基础。在巴金 10 岁前后,其母亲、二哥及父亲相继因病去世,祖父面对家族巨变和逐渐衰败的颓势,开始重点培养从小就好学的巴金,不仅在生活方面给予特殊照顾,还聘请老师帮其学习英语。在巴金表哥濮季云的指导下,巴金一边学习英语,一边开始接触并阅读外国文学方面的著作,如英文本的《大卫·科波菲尔》与《金银岛》,这在很大程度上开拓了少年巴金的知识领域和思想视野,并由此启发他运用第一人称来撰

1907 年巴金家庭合影,外婆(左 3)怀里抱着的是巴金

写小说。

　　1919 年五四运动爆发,巴金与诸兄长一起阅读《新青年》《新潮》《每周评论》等进步报刊,并时常聚集一起讨论各种问题,发表对各种主义的见解和认识。生长在传统封建大家庭的巴金,此时开始如饥似渴地吸收各种新思潮,逐步了解了外面的世界。正如他后来所回忆:"在五四运动后,我开始接受新思想的时候,面对着一个崭新的世界。我有点张皇失措,但我也敞开胸膛尽量吸收,只要是伸手抓得到的新的东西,我都一下子吞进肚里。只要是新的、进步的东西我都爱,旧的、落后的东西我都恨。"[16] 1920 年 8 月,巴金和三哥考入四川外国语专门学校学习。该校主持人廖举章倾向支持新文化运动,为广大学子营造了宽松的学习新文化的氛围,巴金在这里阅读了大量的外国文学作品。同年 12 月,巴金收到上海寄来的克鲁泡特金的《告少年》和廖·抗夫的《夜未央》二书,对于无政府主义有了初步的了解,并深表赞同和支持。巴金被《夜未央》中描写的俄国革命者反抗沙皇统治的英雄事迹感动,并表示其人生第一次找到了梦境中的英雄,找到了终生的事业。

　　从 1921 年起,巴金开始在报刊上发表短论文章,阐发自己对于建立平等社会和劳动光荣思想的见解,并先后参加《半月》《警群》和《平民周刊》等刊物的创办与编辑工作,甚至加入进步学生秘密团体"均社"的活动,并自称"安那其主义者"(法文 anarechisme,无政府主义)。与此同时,目睹并感受到现实社会残酷面的巴金,也尝试开始用文学作品来表达自己对美好社会的向往之情。他在《文学旬刊》和《妇女杂志》等期刊上发表新诗、小说及文学评论文章,这些作品普遍透露出巴金个人思想中浓浓的人道主义思想和对被压迫者的悲悯之情。

1923 年 5 月,巴金与三哥李尧林一起说服二叔、继母等家人,离开成都,远赴上海求学。5 月底,巴金一行抵达上海。在从码头乘坐马车前往四马路途中,因车夫违反交通规则,巴金兄弟也被带到巡捕房,吃了罚款,这让初至上海的巴金心里有了说不出的复杂滋味。一番折腾后,在川籍同学江疑九的介绍下,兄弟二人住在武昌路的"景林堂谈道学舍"[17],这里主要聚集了川籍在沪学子。巴金兄弟在这里预备考试,有时也到北四川路转转,初步体验了"魔都"上海的繁华和热闹。这一年夏天,他们考入上海南洋中学,巴金读二年级,尧林读三年级。[18] 在南洋中学读书的半年时间中,巴金一边继续创作诗歌,一边读英语小说原著。但是,当时的南洋中学学制是 5 年,巴金兄弟认为这个时间太长,加之南洋中学收费不低,兄弟二人经费也逐渐告罄,遂在 1924 年初又离开上海前往南京,转入南京东南大学附中补习班学习。在东大附中,巴金参考俄国无政府主义者高德曼的文章,开始为无政府主义期刊《民钟》撰稿,同时还在学校聆听了恽代英、萧楚女和泰戈尔等人的演讲,这对年轻的巴金产生很大的影响。

在南京读书期间,巴金给高德曼写了封信,且很快收到了高德曼的复信,这让他激动不已,也进一步坚定了他对于无政府主义的信仰。为了扩散自己的声音,他还尝试用其字"芾甘"作为笔名在《国风日报》副刊《学汇》上发表一系列宣传无政府主义的文章。也是在这一时期,巴金接到了三姐因难产而去世的消息。婆家人对于三姐去世的冷漠态度强烈地刺痛了巴金的心,使他对于封建社会传统道德有了更为痛彻的体悟和认识。诸多因素混合在一起,不仅加强了巴金反对现实社会种种不公平、不合理因素的思想,也为他逐渐走向以笔杆作为武器为民众发声、向旧势力宣战的道路奠定了思想基础。

1925 年 5 月,上海英国巡捕枪杀抗议群众,酿成五卅惨案,激起了中国人民的强烈愤懑之情,轰轰烈烈的五卅爱国运动迅速爆发。很快,上海工人罢工、学生罢课、商人罢市,各界爱国人士在爱国主义与民族主义的共同感召下,凝聚成气势磅礴的反帝浪潮。这波浪潮很快就席卷其他各地,在南京各界组成的游行示威队伍中,就有东南大学附属高中的学生,年轻的巴金也是其中的一员。他高呼口号,表达自己对于帝国主义列强的不满。在示威现场,巴金听到了萧楚女、胡风等人慷慨激昂的演讲,对他的心灵产生了很大的震撼。后来,他以此经历为原型,创作了《五一运动史》和《死去的太阳》。他在《死去的太阳》中曾立场鲜明地写道:"我底青年的生命可以牺牲,我底血可以再一次流到南京路上,然而正义终于是要争回来的。活着给别人做枪靶子这样的命运，我是要反抗的。"[19] 亲身参与并切身体会汹涌澎湃的爱国运动，这对于巴金来说还是第一次，也正是这次经历，让他认识到普通民众所蕴含的巨大能量，对民众救国的前途有了更大的信心和期望。

1925 年 7 月，巴金和李尧林从东南大学附属中学高中顺利毕业。李尧林选择报考位于苏州的东吴大学，巴金尝试报考北京大学。8 月，巴金北上进京，后因健康原因考试未果，求学无门的巴金只能再次返回上海。回到上海的巴金，与朋友卫惠林、毛一波共同居住于法租界贝勒路天祥里（今黄陂南路 14 弄）的一幢二层楼房中，后又搬迁至康悌路（今建国东路）康益里 4 号和马浪路（今马当路）居住过一段时间。在此期间，巴金与周索非、卫惠林、毛一波、卢剑波等一众志同道合的朋友，创办了《民众》半月刊，一起编辑刊物，进行无政府主义思想的宣传，同时赚取微薄的生活费。同时，巴金还开始尝试翻译外国著作，克鲁泡特金的《面包略取》（又名《面包与自由》），便是这一时期由他翻译的，也是他真正意义上的第一部翻译著作。[20]

1926 年 2 月，巴金在与卫惠林商议的基础上，向其三哥尧林提出了想去法国留学的想法。巴金认为，当时的法国比较容易接纳中国留学生，加上在法国留学费用也较为低廉，尤其重要的是，以无政府主义为理想追求的巴金心中，"法国是很多被放逐者的庇护所，形形色色的革命者都来到法国生活"。也正是在这一年,巴黎召开了万国无政府党大会,以商讨反对各国政府对无政府主义者的迫害,巴黎一时间成为无政府主义者向往的圣地。这些都对巴金有着很强的吸引力,很大程度上成为他进一步考察社会运动,并深入一层研究无政府主义理论的必要条件。经过与大哥和三哥的多次交涉,兄长们最终同意了巴金远赴法国留学的请求,并且提供了留学经费。巴金又委托上海环球学生会的好友毕修勺办理完赴法护照签证、兑换法郎及买船票事宜,做好了离国远行的所有准备。

1927 年 1 月 15 日,巴金与友人卫惠林一起在上海码头登上"昂热"号法国邮船,正式起航赴法。邮船于 2 月 18 日抵达法国马赛,巴金正式踏上法国土地。在好友吴克刚的介绍下,巴金和卫惠林搬入巴黎先贤祠附近拉丁区都纳富尔街的旅馆居住。虽然巴金的大哥非常希望他能成为工程师,但是巴金却对社会科学抱有更高的热情,他渴求自己能够进入大学攻读经济专业。但对于初来法国的他而言,首先需要攻克的还是语言关,因此他进入由法国文化协会主办的法语联盟夜校学习法文,偶尔也会在白天去大学听课。更多时候,巴金都是把自己关在六层楼上一间充满煤气和洋葱味的小屋里面,读书、思考和写作。对于初到法国的巴金而言,人生地疏、举目无亲,对于自己政治信仰的前景,对于祖国革命前途的思虑,心头的种种思绪,都只能付诸笔端才可得以排遣。在这间屋子里,巴金阅读了各种书籍,既有文学的,也有政治

1926 年底巴金赴法护照上的照片

Silk Shipment

The following is a list of silk shipped from Shanghai to the undermentioned ports per s.s. Angers on January 15:—

	Raw silk white and yellow silk bales	Wild silk bales	Total bales
Tuticorin	6	—	6
Port Said	14	—	14
New York	25	—	25
Marseilles	25	—	25
Marseilles option	66	—	66
Lyons	279	35	314
Total	415	35	450

1927 年 1 月 20 日，《大陆报》上刊登的 1927 年 1 月 25 日巴金乘坐的法国邮船"昂热"号的航班信息

与经济的,更有历史学著作。[21] 也就是在这年春天,巴金以其崇敬的卢梭为文学启蒙老师,遵循其"讲真话,讲自己的心里话"和"人生来是平等的"等格言,开始尝试把自己看到的和理解的都如实地记录在笔记本上。

在巴黎,巴金瞻仰了先贤祠,看到里面镌刻的丹东名言,"大胆,大胆,永远大胆",他似乎找到些许精神的慰藉和动力。他也曾前往先贤祠的卢梭铜像前,向这位思想巨人倾吐年轻异国人的胸中苦闷,尤其是联想到卢梭因反抗封建统治者和上层社会而被自己国家驱逐出境的遭遇,与他自己对于封建礼教的反叛有着相似之处时,更是感慨不已。每逢周末,他们在巴黎认识的一些朋友便会聚集在居所,通过闲谈来交换信息,发表各自见解。他们谈论的话题主要集中在国内时局方面,有时也会透露各自的生活状态和社会见闻。当时的中国,正是北伐节节胜利的关口,蒋介石发动反革命政变,大肆屠杀共产党人,革命局势瞬息万变、起伏不定,这对于关注革命甚至是以革命者自居的年轻人而言,是最为重要的话题。当然,更多时候,还是巴金与卫惠林、吴克刚三人在一起热烈讨论。他们有着共同的政治信仰——无政府主义,且都在努力寻求在中国大地上付诸实践的最佳途径,因此他们讨论的话题也更为集中、深刻。他们三人还一起合撰了《无政府主义与实际问题》,详细论述了各自对于中国无政府主义者与当前革命的关系问题,以及在中国践行无政府主义的路径选择。[22]

1927 年 7 月 14 日,是法国人民纪念捣毁巴士底狱的盛
大节日,法国人民在巴士底广场围绕着自由女神像跳舞和狂
欢。看到此景,触景生情的他,联想到远在祖国的人民还在
痛苦和灾难中煎熬,不仅潸然泪下,同时也更增强了他"人
民终于会胜利的"强大信念。得知蒋介石和汪精卫先后发
动反革命政变、大肆屠杀共产党员后,巴金撰写并发表了系
列文章,如《空前绝后的妙文》《无政府党并不同情于国民党
的护党运动》和《理想是杀得死的吗》等,谴责国民党对于共
产党人的血腥屠杀,颂扬共产党领导人李大钊视死如归的大
无畏精神。[23] 坚持无政府主义政治信仰的巴金,还在巴黎加
入了中国无政府主义小组,并且和不同国籍的无政府主义者
以及其他流亡者取得联系,甚至还一起为国际著名的无政府
主义者高德曼发起募捐活动。

必须指出的是,巴金的无政府主义,更多的是建立在他
自身具有的正义感和人道主义思想的基础上的。当时的中
国无政府主义者,既没有严密的组织,也没有统一的党章和
纲领,随着国内政局的变化,一部分无政府主义者投靠了国
民党,一部分则毅然走上了共产主义的道路,成为坚定的马
克思主义者。巴金虽然很早就自言是一名无政府主义者,
也曾持续不断地翻译无政府主义的著作和传记,但这都是
零碎和片断式的。他并未系统地学习过无政府主义的政治
和社会思想,即使在法国这个无政府主义的发源地和各国
无政府主义者的避难地,巴金也更多的是颂扬他们的革命

精神,而并未真正地触及无政府主义的实质：要求恢复使用旧的生产工具和维持旧的所有制及生产关系。巴金对敢于反抗现实世界压迫工农群众政府的无政府主义革命者的颂扬,其实也是与他的朴素的人道主义和民主主义理想有紧密的联系。他甚至认为,真正的无政府主义者,只要具备了正义感和反抗精神,举止庄严,生活朴素,且能用含笑受刑,相信殉道就可以拯救人类等品质,就可以算是一名合格的无政府主义者了。这种定义,正好说明巴金对于无政府主义认识的片面性。巴金以无政府主义来反抗现实生活中的压迫,更多的是因为他身处封建礼教压迫之下,迫切需要一种信仰或理念来作为其自由解放的指南而已。可以说,巴金一直坚持的"无政府主义",更多的是在人道主义和民主主义思想里打转的。[24]

1927 年夏天,巴金因旧病复发,在朋友的建议下,前往巴黎东约 100 公里的玛伦河畔的小城沙多—吉里休养,顺便在沙城的拉封丹中学学习法文。他在这里一住就是一年两个月,可以说在法国的大部分时间是在这里度过的。他在这个地方认识了几个中国朋友,其中有一位北方的同学巴恩波与他相处时间不长,但是关系不错。后来那位同学离开沙城去了巴黎,1928 年时在项热投水自杀了。巴金得知这个消息后,内心十分痛苦,为了纪念这位朋友,巴金取其"巴"为姓。至于"金"字,则是在他翻译克鲁泡特金的《伦理学》时,一位安徽籍的朋友詹剑峰半开玩笑地建议他取名"金"

巴金在法国入读的拉封丹中学

字,巴金听了觉得容易记住,而且与克鲁泡特金有联系,就最
终决定取笔名为"巴金"。[25]

　　巴金在沙多—吉里期间,寄居在拉封丹中学饭厅楼上
的一间房子里,平时主要是阅读、翻译和写作。他除了翻
译发表无政府主义相关的文章外,也开始尝试通过撰写小
说来记录和表达自己对于封建传统和守旧势力的愤怒与反
抗。1928年夏天,他接到大哥从成都寄来的信,大哥在信中
反复劝说巴金归国后回到家中、兄弟合力将已经式微的李
氏家族重振起来。回想起大哥被封建大家庭压迫和欺凌,失
去了自己心爱的人,失去了自己的工程师梦想,现在还要让
自己与他一同维护这个封建门庭,巴金内心十分痛苦,他在
为被封建思想残害的大哥惋惜,也在为他的执迷不悟而难
过。因此,巴金决定要写一部小说,将自己反抗封建制度和
旧势力的思想完整而直白地展现给大哥看,让大哥真正地

1928年7月31日,在沙多—吉里拉封丹中学阅读的巴金

了解自己、支持自己,甚至通过这种方式来唤醒大哥,让大
哥与封建家庭彻底决裂。于是,骨子里流着对封建旧势力
反抗精神的年轻人巴金,开始将他曾经在上海经历和见闻
的人与事在脑子里酝酿加工。一个个带有反抗精神的小说
人物渐渐呈现在他的眼前,他们身上发生的一个个故事片
断如电影镜头般从他的脑海中一一划过,这些人物和故事

也就是他首部小说《灭亡》的基本元素。巴金的小说创作也由此开始。[26]

　　同样是在1928年,面对国民党反动派建立的独裁统治,巴金继续以笔为武器,为底层民众呐喊。他相继发表了系列杂文短评,如《工人的实力》《法律——〈穷人的话〉之二》《革命的先驱》和《工人,组织起来》等,痛斥现在的天下是资本家的天下,"监狱、枪毙、饥饿、贫困、死亡"在"工人的心灵与身体"中"伸张"淫威,只有"无产阶级的团结"才是"我们的实力",只有通过它才能铲平这不平的地狱,才能建造新的理想社会。他还谴责现在的法律是用鲜血浸染的法律,这法律只是维护资本家和地主的利益,剥夺了穷人的吃饭和读书的基本权益,这种法律是吃人的魔王。他更是颂扬革命者的伟大功绩,认为"革命不是为解决个人的面包问题,革命者不是为个人的幸福而革命的,所以革命是为的解决全人类的面包问题。革命者是将他的一生贡献于革命,这简直成为定论了"。他为工人大声疾呼,号召工人团结和组织起来,以消灭资本主义制度,"打破现在的不平制度",消除贫穷和失业,实现理想的自由新社会。[27]

　　1928年8月,巴金创作的首部小说《灭亡》正式完成。它是巴金在法国利用空闲时间断断续续写成片断,最后又用5本练习簿誊抄,才形成的一部完整小说。《灭亡》是巴金的首部小说作品,巴金一开始是没有信心将它投稿的。他从法国将文稿寄给在上海开明书店工作的周索非,托他代

章

这是巴金在法国小城沙多—吉
里的拉封丹中学休养学习时照顾
他日常生活的古然夫人和她丈夫

巴黎先贤祠外景

印几百册,并且是自费印刷。但是周索非收到书稿后,将其交给《小说月报》主编叶圣陶,叶圣陶通读全文后,当即决定在《小说月报》发表。因此,巴金的首部小说《灭亡》便在《小说月报》1929 年第 1—4 期内连载,并且一经发表便引起轰动。《灭亡》以 1925 年孙传芳统治下的上海为背景,通过对革命青年杜大心、工人领袖张为群,以及同情革命的李冷和李静淑兄妹等人的生动描写,刻画了敢于为砸烂旧世界、建立新世界而英勇献身的革命青年形象,同时也抨击了孙传芳、吴佩孚等北洋军阀对于工人运动的镇压和对革命青年的屠杀。巴金在文中善于展示人物的内心和灵魂,以富有激情的语言和感人场面来增强文章的感染力,对人物的性格塑造极具张力。这部作品也是巴金的"爱情与革命"系列小说的起点,是当时尚处国外的他为祖国悲惨现状所发出的痛心疾首的灵魂呼唤。但是直到此时,巴金还不曾想过做一名靠写文学作品来生活的文人作家。他撰写《灭亡》也只是想把他心中想说的话说出来,以此作为宣泄自己内心愤懑和不满的途径,是个人对时代困境的孤独而又无力的呐喊而已。[28]

　　1928 年 8 月下旬,巴金离开沙多—吉里,前往巴黎。1928 年 10 月,开始办理归国手续。10 月 18 日,由巴黎到达马赛时,正好赶上这里海员大罢工,巴金只能在海滨美景旅馆一小房间逗留了十多天。在此期间,他参观了多家电影院,阅读了左拉的《卢贡—马卡尔家族》等近 20 部小说。

章

巴金（后排左2）在法国留学期间与友人合照

他在阅读过程中受到极大启发，产生了通过一些事件或人物来描绘整个时代的构思，他的代表性著作《春梦》（后改名为《家》）等小说的构思就这样逐渐形成了。1928年10月30日，巴金乘船离开马赛归国。12月上旬，巴金回到上海，结束了其历时近两年的求学生涯。

从法国归来的巴金，住在宝山路宝光里14号一幢石库门的客堂间。巴金在周索非的介绍下，到上海世界语学会担任函授学校教员，并在沈仲九创办的自由书店担任编辑。这样一来，他就有了稳定的收入可以养活自己。对于此前已经掌握世界语基础的巴金而言，教授世界语不仅可以提升自身的水平，而且方便他用世界语翻译文学作品。在当时，巴金每天都会在世界语学会工作几个小时，主要是用世界语翻译外国文学名著，如《过客之花》《丹东之死》《秋天里的春天》等。[29]

　　这一时期,巴金除了工作,也会经常在黄昏的时候,从宝山路过东横浜路,到北四川路横浜路桥一带散步。当时北四川路属于日本人势力范围,除了居住有大批的日侨外,还开设有很多日商商店,商店出售各种日本商品,从服装饰品到留声机唱片,甚至还有日产自行车,俨然是一个"小东京"。巴金所居住的宝山路宝光里,有很多房屋和一些店铺。尤其是在宝山路横浜路一带,因东方图书馆和商务印书馆等机构坐落于此,故吸引了很多从事文化工作的人聚集于此。据说鲁迅初到上海时,就居住在附近的景云里的弄堂之中,与巴金所居之地相距很近。此时的巴金,虽然身边也有一些朋友,但是他内心是十分孤独寂寞的。即使他的首部小说《灭亡》已经轰动文坛,但他并没有下决心要当一名作家,大部分时间还是用于翻译和编辑工作。[30]

　　1929 年 7 月,巴金大哥李尧枚和几个亲戚来到上海,住在霞飞路(今淮海中路)一家公寓。巴金兴奋地接待了大哥一行人,并且带他们逛了上海的南京路,体验了大上海的繁华。从大哥口中,巴金知道了作为一家之长的二叔已经去世,以及家族中出现的各种奇怪现象。这又再一次深深地刺激了巴金,他对于封建家族的憎恶达到了前所未有的程度,对于大哥提出的希望他回到成都重振家族的建议明确表示拒绝,并且劝导大哥也离开那个家族。也正是在此时,巴金将他在法国时萌发的撰写一部描写封建家庭小说的构想告诉了大哥,得到了大哥的肯定与支持,且在次年收到了大哥

1929年4月,回国不久的巴金(左2)在上海宝山路
鸿兴坊上海世界语学会门前

1936年巴金与其他青年作家为鲁迅抬棺

谈关于《春梦》小说的信。大哥在信中明确告诉巴金:"《春梦》你要写,我很赞成;并且以我家人物为主人翁,尤其赞成。实在的,我家的历史很可以代表一切家族的历史。"这在很大程度上鼓舞了巴金继续从事文学创作的信心和勇气,也成为巴金坚持写成《春梦》的重要动力。后来他兴奋地说道:"我有 19 年的生活,我有那么多的爱和恨,我不愁没有话说,我要写我的感情,我要把我过去咽在肚里的话全写出来,我要拨开大哥的眼睛让他看见他生活在什么样的环境里面。"[31]

其实,在 1929 年创作完《房东的太太》和 1930 年创作

1929 年巴金(右 1)与大哥尧枚、堂弟西舲(左 1)摄于上海

完《死去的太阳》两部作品后,巴金对于自己的作品很不满意,甚至想从此搁笔不再写了。但是,在 1930 年 7 月初的一天晚上,他突然从梦中醒来,"在黑暗中我还看见一些悲惨的景象,我的耳边也响着一片哭声。我不能再睡下去,就起来扭开电灯,在清静的夜里一口气写完那篇题作《洛伯尔先生》的短篇小说"。以巴金在法国玛伦河畔的见闻为背景撰写的这篇《洛伯尔先生》,叙述了法国穷音乐师洛伯尔对一位姑娘深沉而不幸的爱情故事。也就是从这篇小说开始,巴金正式决定走文学的道路。为着自己的理想,为着自己对封建家庭的控诉,为着从精神上解救自己的亲人,也为着找到倾诉与宣泄的渠道,他还在心中暗暗立下一个誓言:"要做一个在寒天送炭、在痛苦中送安慰的人。"[32] 很明显,文学创作在巴金这里已经成为他自救救人、为别人雪中送炭的有力武器。

　　1931 年 4 月上旬的一天,上海《时报》文艺编辑吴灵园,委托巴金好友火雪明请巴金为《时报》撰写一部连载小说,巴金就想到了酝酿已久的《春梦》。"为了改变命运,帮助别人,为了挽救大哥,实践我的诺言",他正式答应了《时报》的要求,在宝山路宝光里 14 号开始了其最具代表性的著作《春梦》的创作。当巴金将小说引言和前两章写作完毕,并将其交给《时报》后,他对于这部小说最初的想法有了改变,他决定不再写"消失了的渺茫的春梦",而是准备在里面写出"奔腾的生活的激流",因为他发现一旦有了信仰,决心要

巴金撰写小说《家》时所用的钢笔和小桌椅

征服生活,生活"无论在什么地方总看见那一股生活的激流在动荡,在创造它自己的道路"。他将这种认识融入小说之中,并请读者自己去找。[33]同时,巴金也取得了《时报》的理解和同意,最终以《激流》为名正式连载发表。

也就是在这个月,当巴金刚写完小说《做大哥的人》一章时,接到了他远在成都的大哥服毒自杀的噩耗,这个消息对于巴金的打击和震撼无疑是空前的。他茶饭不思,一个人在北四川路上随意晃荡。他本来是希望通过以李氏家族为原型的小说来规劝大哥认清这个封建大家庭的腐朽和没落，促使大哥从这个封建牢笼中逃出来做回真正的自己。但不幸的是，他提笔刚开始写，大哥就不堪家族重担的压迫而结束了自己的生命。他在悲痛之余，坚信大哥也是这种封建制度的牺牲品。他再次想起法国革命家乔治·丹东的名言："大胆，大胆，永远大胆。"他愤怒了，不会认输，他认为"死了的人我不能使他复活，但是对那吃人的封建制度我可以进行无情的打击。我一定要用全力打击它"。随即，他在小说的后面部分，开始以大哥原型"高觉新"为中心来结构小说，"我开始在挖我们老家的坟墓"，以此为更多的屈死的冤魂发出对封建制度的控诉。他要控诉封建制度的主持者和维护者，控诉凭借此制度作恶的人，他甚至直接说，"我要替一代人申冤"，"我的最大的敌人就是封建制度和它的代表人物。我写作时始终牢牢记住我的敌人"。[34]

　　大约在1931年10月，巴金完成了《激流》的创作。这部小说一经《时报》连载刊出，受到很多人的关注，不少读者都给巴金写信，对小说中人物的命运表示同情。尤其是近代以来，在封建传统思想支配下的中国家庭，类似于小说中描述的那种压迫和束缚青年一辈的家庭比比皆是，小说对这种制度的控诉激起了很多人的共鸣，并且进一步促发了很多青年人对封建礼教的反感和反抗。当《激流》更名为《家》以小说本出版时，很快就被一抢而空。当时很多学校经历过五四洗礼的进步教师都将这本书介绍给学生，作为课外阅读书目,以此来教育青年学子认识封建制度的罪恶。巴金在小说中刻画的高觉新成为"作揖主义""投降主义"和遇事讲妥协的人的代表,被人们视为自己周围懦怯怕事、不敢反抗的人的代名词。小说中作为大家庭家长的高老太爷被人们视为封建家庭统治者的象征,高觉慧则成为勇于斗争、敢于反抗的叛逆者的代表被很多进步青年追捧和仿效。可以说,巴金在《家》中所描绘刻画的这几个艺术典型,与当时鲁迅小说中阿 Q、孔乙己等人物一样,成为人们日常生活中经久流传且被作为比喻运用的性格典型。很多与巴金有着类似经历的青年,还写信向他倾诉自己的遭遇,希望能够得到指引和疏导。甚至有学者称巴金为五四以来,中国作家中收到读者来信时间最长、人数最多的人。根本原因就在于巴金是用心在诉说着自己的思想,他将心交给了读者,同时也换来了很多读者的真心。[35]

　　进入 20 世纪 30 年代后,巴金虽然也翻译发表了不少关于无政府主义的文章或著作,但他的工作重心已经转向文学创作。他的初期文学作品以时代青年的理想、热情和苦闷交错互杂的观念性的小说为多,配合他独特的欧化的文体,开始形成他独特的文学风格,在此基础上他完成了《家》的续篇《春》和《秋》,以及一些短篇小说。

　　1937 年,全民族抗战爆发后,巴金曾一度在租界坚持创作。随着时局的恶化,1940 年 7 月,他再次离开上海,直至战争结束才返回上海。也是在此阶段,他的创作风格与导向

章

巴金（左）与李济生（右）在上海寓所

1962年,巴金(左2)全家在上海武康路寓所

发生了很大的变化。此前是浪漫主义气息非常浓厚的"爱情和革命"文学，但在艰险且残酷的抗日战争中，他目睹了发生在普通民众身上的辛酸和苦难，他将创作的视线转向了市井小人物，开始写起浪漫主义与现实主义水乳交融的文学作品来。在此期间，他创作的几部小说，可谓是其文学创作的顶峰。他用哀婉悲切的笔触描绘了一幅"家"之崩溃的《憩园》与揭露战争时期医院中发生的悲惨状况的《第四病室》，这些作品巧妙地将浪漫主义和现实主义有机融合为一体，记录了悲剧时代的众生相。[36]尤其是在抗战结束以后，他所撰写的小说《寒夜》，以战时重庆为背景，展示了国民党统治下发生在无名而善良的知识分子身上的悲剧。他通过特有的细腻的笔端，描写了虽然满怀爱与温柔，却因彼此失之交臂而伤害他人与自己的善良人们的悲哀。这就是巴金，他关注现实，但没有沦为通俗现实主义，而是以其一以贯之的人道主义为核心，来描写普通善良人们的苦难和心灵的失落，没有丝毫的对善意、爱和理想的不信任。这也正是他为何在描写黑暗的同时，又歌颂爱与理想。《寒夜》也由此成为他文学创作中的最高杰作。[37]巴金也成为描写普通民众生活、替底层民众发声的"人民作家"。

注　释

1. 余日章等：《欧游经验谈》，青年协会书局1923年版，第2页。

2. 丁文江、赵丰田编：《梁启超年谱长编》，上海人民出版社1983年版，第22页。

3. 李平、杨柏岭：《梁启超传》，安徽人民出版社1997年版，第105—106页。

4. 李平、杨柏岭：《梁启超传》，安徽人民出版社1997年版，第180页。

5. 丁文江、赵丰田编：《梁启超年谱长编》，上海人民出版社1983年版，第874—875页。

6. 李平、杨柏岭：《梁启超传》，安徽人民出版社1997年版，第217—219页。

7. 李平、杨柏岭：《梁启超传》，安徽人民出版社1997年版，第221页。

8. 李平、杨柏岭：《梁启超传》，安徽人民出版社1997年版，第222页。

9. 李平、杨柏岭：《梁启超传》，安徽人民出版社1997年版，第222—223页。

10. 丁文江、赵丰田编：《梁启超年谱长编》，上海人民出版社1983年版，第887—888页。

11. 郑师渠：《梁启超与欧战》，《历史教学问题》2014年第5期，第8—9页。

12. 李平、杨柏岭：《梁启超传》，安徽人民出版社1997年版，第223—228页。

13. 李平、杨柏岭：《梁启超传》，安徽人民出版社1997年版，第229—231页。

14. 李平、杨柏岭：《梁启超传》，安徽人民出版社1997年版，第233—238页。

15. 唐金海、张晓云主编：《巴金年谱》上卷，四川文艺出版社1989年版，第24页。

16. 唐金海、张晓云主编：《巴金年谱》上卷，四川文艺出版社1989年版，第41页。

17. 景林堂原为牧师林乐知在虹口办的中西书院的内部教堂。1922年美国监理会在昆山路南侧原教堂对面新建一座规模较大教堂，是当时上海最大的教堂，为纪念林乐知，命名为"景林堂"。1981年，更名为"景灵堂"。

18. 唐金海、张晓云主编：《巴金年谱》上卷，四川文艺出版社1989年版，第74—76页。

19. 唐金海、张晓云主编：《巴金年谱》上卷，四川文艺出版社1989年版，第90—91页。

20. 徐开垒：《巴金传》，上海文艺出版社2003年版，第75页。

21. 徐开垒：《巴金传》，上海文艺出版社2003年版，第90—91页。

22. 唐金海、张晓云主编：《巴金年谱》上卷，四川文艺出版社1989年版，第136—138页。

23. 唐金海、张晓云主编：《巴金年谱》上卷，四川文艺出版社1989年版，第147—

注 释

149 页。

24. 徐开垒：《巴金传》，上海文艺出版社 2003 年版，第 102—106 页。

25. 唐金海、张晓云主编：《巴金年谱》上卷，四川文艺出版社 1989 年版，第 181 页。

26. 徐开垒：《巴金传》，上海文艺出版社 2003 年版，第 120—122 页。

27. 唐金海、张晓云主编：《巴金年谱》上卷，四川文艺出版社 1989 年版，第 167—168、175—177 页。

28. 徐开垒：《巴金传》，上海文艺出版社 2003 年版，第 121—124 页；唐金海、张晓云主编：《巴金年谱》上卷，四川文艺出版社 1989 年版，第 181—182 页。

29. 徐开垒：《巴金传》，上海文艺出版社 2003 年版，第 127—128 页。

30. 徐开垒：《巴金传》，上海文艺出版社 2003 年版，第 132—134 页。

31. 唐金海、张晓云主编：《巴金年谱》上卷，四川文艺出版社 1989 年版，第 230—231 页。

32. 唐金海、张晓云主编：《巴金年谱》上卷，四川文艺出版社 1989 年版，第 238—239 页。

33. 唐金海、张晓云主编：《巴金年谱》上卷，四川文艺出版社 1989 年版，第 256—257 页。

34. 唐金海、张晓云主编：《巴金年谱》上卷，四川文艺出版社 1989 年版，第 257—258 页。

35. 徐开垒：《巴金传》，上海文艺出版社 2003 年版，第 159—160 页。

36. 《巴金与上海》，[日]山口守：《黑暗之光：巴金的世纪守望》，复旦大学出版社 2017 年版，第 353 页。

37. 《巴金与上海》，[日]山口守：《黑暗之光：巴金的世纪守望》，复旦大学出版社 2017 年版，第 353 页。

第

四

章

教育实业拓新界

一、近代教育和实业界赴欧考察

近代中国社会发展最显著的特征之一就是各个领域的近代化转型,虽然各个领域转型的程度有所不同、影响也有差别,但是在这一进程中,都受到了西方世界的影响。其中,考察并学习、效仿西方世界,是各领域的近代化转型中不可或缺的元素。教育和实业这两大领域,也是如此。

其实,早在晚清时期,清政府派赴出洋考察的官员所负的考察任务中就包括了对西方教育制度的考察。在当时考察归国官员的日记或记录中,都有关于教育方面的内容,如学校教育、实业教育、义务教育及女子教育等。这些考察者的记录后来多刻印出版,成为向国内知识分子传播西方教育知识的最主要途径。这些对西方教育的最早考察和记录,也使得一批先进的仁人志士开始思考并提出改革中国教育制度的初步构想,使得清政府上层逐渐认识到西方各国强盛的原因之一在于其先进的教育,才有了后来的派遣大批留学生赴欧美各国留学的活动。

1932年8月,国民政府教育部组织教育考察团赴欧洲考察教育的
合影,左1为著名教育家程其保

　　晚清最后10年,在清政府推行新政的大背景下,从中央
到地方,都派出考察人员赴日考察教育,并进而出现了赴日
留学的浪潮。随着科举制度的废止和"壬寅""癸卯"学制
的施行,各类新式学堂纷纷涌现,中国的教育制度出现根本
性的变革,向着现代化教育迈出实质性的步伐。民国初年,
全国教育界出现了对于中国新学制的"东洋"与"西洋"之
争,更多的人将中国教育改革的目光转向欧美各国,同时,派
出专人赴欧美考察教育成为中国教育界的重要活动。据学
者统计,仅是1915至1922年的7年时间里,至少有7批次
的教育界人士赴欧美考察教育,可见密度之大。这些活动为

国民政府教育部特派赴欧教育考察团参观教皇庇护十一世创办的实业学校留影

中国"新学制"改革与建设,提供了切实的经验与智力支撑。而以欧美教育制度为重要参考制定颁行的《壬戌学制》,其科学性与灵活性也为时人所认可,标志着中国教育近代化进程的基本完成。而赴欧美考察,是这一进程能够得以顺利完成的重要原因。[1]

　　与此同时,中国近代民族工商业也在晚清最后 10 年得到了初步的发展。到第一次世界大战期间,欧美各国忙于战争,无暇东顾,客观上为中国民族资本主义经济的发展提供了契机,中国民族工商业迎来了发展的春天。在中国民族工商业兴起的过程中,如何建立并发展起近代化的工业体系成派員赴歐考察實業〇政府對於歐戰後各國實業近狀　極爲注意　前有派員赴歐考察實業之議　聞現已決定委派許壽裳梅腸海二員　前往歐美各國調查　隨時報告　以便從事改良　粲由農部函達外交部　請給執照定期首途云

1920年,中国政府派员赴欧考察实业的相关报道

大陸公司派員赴歐考察商業

中國大陸商業公司經營國內及進出口貿易適時制變鉅細不遺推爲國人自辦貿易公司之巨擘該公司近爲謀業務發達起見特派該公司協理曹懋德君赴歐美各國考察商業情形並携帶國產物品樣本數百種專備隨地研究如何改良方能暢銷國外一面調查各國出產物品及發明機件之最近狀況以何者爲吾華亟需之適當用品作爲訂購運銷之標準以供國內之需要曹氏已於本月七日由滬乘家狄生總統號輪船放洋先行赴美再至歐洲各國並經過印度然後返國聞此行約需八閱月

1930年,中国大陆公司派员赴欧考察商业的报道

为首要问题。民国初年,在民族工商业快速发展的形势下,一些开明的或接受过新式教育的工商业者,开始主动出洋考察,试图通过学习、借鉴和仿效西方工业发展体系,建立中国自己的现代化工业。当时,欧美作为两次工业革命的发源地,其完备发达的工业体系,成为支撑各国在国际舞台上竞相角逐的坚实基础,这也为中国民族工商业者所欣羡。在诸多的出洋考察实业活动中,远赴欧洲考察实业是重要的组成部分。尤其是英国和法国,成为中国工商业者考察实业较为集中的地方。近代中国民族工业,无论是机器的引进、人才的培养还是厂房的设计、管理模式的建立,都深深地烙有欧洲的印迹。可以说,中国近代化工业体系的建立,离不开对欧美工业体系的学习和借鉴,其中赴欧美考察成为实现这种借鉴模式的重要途径。

在教育和实业领域,赴欧洲考察和学习者不少,他们归国后对于中国在教育和实业领域的近代化转型,起了实质性的推动作用,他们所开创的很多举措和理念,其影响至深且巨,在近代中国历史上具有不可忽视的地位。而教育家蔡元培和实业家聂云台,就是其中的代表性人物。

二、近代教育先驱:蔡元培

蔡元培,1868 年 1 月 11 日出生于浙江省绍兴府山阴县,小名宜哥,小字意可,入私塾后根据兄弟排行取用"元"

字,名元培。他原字鹤卿,后改字仲申,别号鹤顷,后又改号子民。蔡元培祖父蔡廷桢,因在典当行担任经理,用积蓄在山阴县城笔飞弄购置房屋,供家族居住。父亲蔡宝煜,曾在一钱庄任经理,在蔡元培9岁时便因病去世。母亲周氏,贤惠且有能力,在丈夫去世后,依靠亲友偿还的债款和自己典卖的首饰,节俭度日,将蔡元培兄弟三人抚养长大。

蔡元培自幼便在私塾学习,稍长入李申甫塾馆读书,在馆中开始学习八股文。14岁时,他又到离家半里之外的探花王懋修塾馆继续读书,在这里又学习了四书五经等传统典籍,并且阅读了《春秋左氏传》和《小戴礼记》等书籍。在王懋修的认真指导下,蔡元培具备了撰拟制艺文章的扎实功夫,还受老师影响,接受了宋明理学的学说,尤其对于气节、孝道等思想特别推崇。成年后的蔡元培,担任过私塾的塾师,并在绍兴望族徐树兰府上充任伴读,而且结交了许多文人墨客,增长了见识,扩大了影响。

1889年,蔡元培参加恩科乡试,考中举人,与后来成名的张元济、汪康年、汪大燮等同科。1890年,蔡元培与友人徐维则同赴北京参加会试,途中在上海逗留数日。这是蔡元培第一次来上海,他游览了上海租界,对于大上海的繁华印象深刻。1892年,蔡元培在殿试中考取第二甲第三十四名进士,与他同科考中者有唐文治、叶德辉、汤寿潜、张元济和沈宝琛等人。后来,通过朝考,蔡元培被点为翰林院庶吉士。在他拜访会试主考官翁同龢后,翁氏对其才华也是赞不绝口，并专门在日记中录下赞语，称其"年少通经，文极古藻，隽材也"[2]。当时的蔡元培，可谓是青年才俊。

1893年，蔡元培利用一年时间，先后游览了上海、宁波、南京、镇江、香港、广州等沿海沿江城市，并在广州与岭南士子互相唱和。在此期间，他注意到倡导新学的康有为的讲学活动。当然，由于他游览的这些城市，多为近代中国被迫开放的口岸城市，西方势力的影响非常明显，这次游历也被学者视为他接触西方近代文明和洋务新政的清新气息，以促进他开阔视野、更新观念，进而启动其内心深处价值观念转换的契机。[3]总之，这次游历，对于蔡元培后来的思想转变，起到了一定的启示效应。1894年，蔡元培在北京参加散馆考试后，被正式授予翰林院编修，达到了其作为传统社会读书人的极致梦想。

1895年，清政府在甲午战争中惨败，被迫与日本签订《马关条约》，割地、赔款的屈辱严重刺激了当时的读书人。蔡元培也对此十分不满，先后阅读了大量西学译本和新学书籍，如顾厚琨的《日本新政考》、郑观应的《盛世危言》、梁启超的《西学书目表》等，由此打开了他研治新学的大门。尤其是在维新变法前后，他阅读了很多维新派人士的著作，对于维新派的主张有了更多的理解和同情。正如他当时所言，"维新党人，吾所默许"。此外，他还开始学习日文，希望通过日文能更快、更多地浏览西学书籍，并且开始尝试翻译日文新学书籍。[4]然而，因守旧顽固势力过于强大，短暂的维新变法终以失败而告终。但是变法志士的鲜血警醒了蔡元培,他于变法失败的次月,便请假南归,开始其人生新的一页。

在蔡元培回乡不久,即受邀参与主持绍郡中西学堂,正式开始涉足教育事业。该学堂成立于 1897 年,是一所中西混合学校,所授课程既有经学、词学和史学等传统科目,也有算学、物理和外文等新学科目。蔡元培执掌该校后,积极聘请优秀的教职人员、修订学堂章程、扩充图书藏量,并且在原有英语和法语两种外语科目基础上,增加日语教学。他又订购宣传维新思想的《强学报》《时务报》和《国闻报》等期刊,引导并培养学生的新学理念,后来担任北京大学校长的蒋梦麟,便是该校毕业生。这一时期,蔡元培继续广泛阅读西学书籍,其社会政治观念也开始逐渐出现转变,曾在不同场合表示过反对清政府。5 1900 年,蔡元培离开绍郡中西学堂,在杭州等地奔波,并于 1901 年左右开始旅居上海,暂寓于虹口隆庆里 782 号。在此期间,他广泛搜集各类新式学堂的学制和课程设置等方面资料,潜心研究,在此基础上撰写《学堂教科论》,开始在新式教育理论方面有所提升。

1901 年 9 月,蔡元培经人介绍,进入上海南洋公学担任特班中文教习。南洋公学是晚清洋务派主将盛宣怀于 1897 年创办,是今上海交通大学的前身。该校在新政时期设立"特班",意在培养中西学兼具的专门人才。蔡元培在该校主要负责指导"特班"学子修读新学书籍,他便借此向学生灌输民权观念和爱国思想,引导他们放宽视野,培养多种才

1902 年,蔡元培在上海发起中国教育会的合影

能。在这些学生里,就有后来成名的邵力子、李叔同和黄炎培等人。[6] 1902 年,蔡元培又联合叶瀚、蒋智由、黄宗仰等人,在上海泥城桥外福源里创办中国教育会,蔡元培担任事务长(会长)。这一教育团体是在清政府宣布施行"新政",改革科举制度的时代背景下产生的,后来发展成为以兴办教育为名,暗中宣传革命的重要机构。

　　1902 年 10 月,南洋公学因墨水瓶事件引发了退学风潮,一批具有正义感的学生不堪学校压迫,声明退出该校。蔡元培因此事而受人指摘,被认为学生是受他指使所为,蔡元培愤怒之下也从南洋公学辞职。在中国教育会的支持和协助下,蔡元培带领退学学生创办爱国学社,并于 1903 年初正式开学。爱国学社"重精神教育,重军事教育,而所授各

蔡元培像

爱国学社成员合影

科学,皆为锻炼精神激发志气之助",学校分寻常和高等两级,学制2年,所授科目除国文、算学、地理、体操等外,还有英文、日文、化学、国家、经济、心理和法理等,是一所主要讲授新学的新式学堂。[7]爱国学社实行学生自治,各项事务皆由众人讨论决定,具有浓厚的自由氛围,且在教授知识的同时,比较注重培养学生的社会参与度及对时政的关注度。在蔡元培从事教育的早期阶段,爱国学社可谓是他相对独立地创办的教育实体机构,也是他独立自主地贯彻实行其教育救国理念的切实实践,在他教育生涯中有特别的意义。1904年,蔡元培组织光复会并任会长。

1907年6月,蔡元培随同清政府出使德国大臣孙宝琦由沈阳取道哈尔滨经俄国西伯利亚铁路远赴欧洲,这是他第一次到欧洲。在德国,蔡元培进入莱比锡大学学习。他没有择定固定的专业攻读学位,而是根据兴趣与爱好自由听课,学习了文学、哲学、人类学、教育学、心理学和美学等课程。蔡元培在莱比锡大学的这种自由且广博的学习方式,使他养成了深厚的学术素养和科学的治学思维。蔡元培摄取各学科之精华,结合他本来固有的中国传统文化,形成了对中西文化的共性和分歧的深刻认知,这也为其后来领导全国规模的文化教育事业奠定了思想和学术基础。[8]

辛亥革命爆发后,蔡元培结束4年留德生活,返回中国,并出任中华民国首任教育总长。在他的主持下,教育部先后发布了《普通教育暂行办法》和推行社会教育的通令,并提

1913年9月6日,《字林西报》登载9月5日日本邮船"北野丸"（Kitano Maru）赴欧航班信息

出《学校不应拜孔子案》和手订的《大学令》,对新成立的民国教育制度进行了确立和规范。他还召集各地教育专家举行全国临时教育会议,将教育部草拟的各项议案提交大会审议,甚至提出了"教育应立于政潮之外"的呼声,这些都对民初教育的发展产生了巨大影响。[9]

　　1913年9月5日,蔡元培偕夫人及子女在上海乘坐日本"北野丸"邮船,前往法国。该邮船行经香港、槟榔屿,穿印度洋,过苏伊士运河,于10月7日抵达法国马赛。当时的

法国,聚集着李石曾、汪精卫和吴稚晖等蔡元培的老友,受他们影响,蔡元培在法国除了学习法语和撰述之外,还参与了推动留法勤工俭学运动的相关事务。蔡元培会不定期地为留法俭学生做关于中西学术的讲座。第一次世界大战爆发后,因时局混乱,金融机构关闭甚多,很多留法俭学生无法收到国内汇款,学习与生活都遇到很大困难。蔡元培便撰写通告,劝导留学生以学业为重,及时转移到尚未被战火波及的法国东南部地区继续学习。同时,蔡元培还对在法华人成立的勤工俭学会、世界社等教育文化团体倾力相助,通过撰文呼吁等方式,号召留学生在异国努力求学。1916 年 6 月,由中法两国教育界人士发起筹设的华法教育会正式成立,该会以开展华工教育、推动双向文化交流为宗旨,蔡元培被推举为中方会长。蔡元培利用其在国内的声望,致函各省当局和教育机关,详述赴法勤工俭学的重要意义,请各地招募或派遣体健品端的知识青年赴法勤工俭学,推动了留法勤工俭学运动的勃兴。[10] 蔡元培还在法国考察了各类学校,并从学制、课程等方面与中日两国的同类学校做了对比,借鉴其有益部分,以便其归国后在教育领域落实推行。

1916 年 6 月,随着袁世凯病亡,国内政局出现转机。时任教育总长范源濂主张继续推行蔡元培在 1912 年主持制订的教育方针,加之浙江籍名人陈介石和马叙伦等人的呼吁,北洋政府正式任命蔡元培为北京大学校长。1916 年 10 月,在法国旅居 3 年的蔡元培,正式启程归国,迎来其教育生涯中的高光时刻。

　　1917 年 1 月 4 日，蔡元培正式就任北京大学校长。在 1 月 9 日的开学典礼上，他向全校师生做了《就任北京大学校长之演说》，特别强调三点要求：抱定宗旨、砥砺德行和敬爱师友。这些要求其实是对北京大学当时浓厚的官僚和腐败气氛做出的针对性改进方向。他还重点指出："大学者，研究高深学问者也"，希望"诸君须抱定宗旨，为求学而来"，为做官和致富为目的者，不必进入北大。[11] 此番讲话，表明了蔡元培整顿和革新北大校风学风的意志和决心。

　　蔡元培担任北大校长后，开始了大刀阔斧的改革整顿。在师资方面，他投入极大的热情和精力，从各个方面延揽学养深厚的大家人才，不唯学历论。在文科，聘任陈独秀担任北大文科学长，还聘任了刚从美国留学归国的博士胡适，自学成才的青年学者梁漱溟，还有鲁迅、章士钊、钱玄同、刘师培等知名学者；在理工科，陆续聘请了从欧美留学归国者，如李四光、丁燮林、王抚五、颜任光、翁文灏、朱家骅等一批杰出学者；在法科，聘请了马寅初、陶孟和、周鲠生、王世杰等专业学者。通过大批量引进优秀教师，北大在短时间内便汇集了全国各领域的名流学者，为北大综合实力的提升奠定了基础。在学生管理方面，蔡元培鼓励学生们创办各类学会组织，包括书法研究社、新闻研究会、化学研究会等，学校则在经费和设施等方面予以方便。这在很大程度上扭转了此前学生们课外文化娱乐的低俗化现象，改良了北大的整体校风。在学校体制和行政管理方面,蔡元培仿行德国的大学观念和体制,以学术至上和教授治校为中心主旨,重视基础理论的教学和研究,实行学分制,成立由校长和各科学长和教授代表组成的校评议会作为全校的最高决策机构,尽最大可能地吸纳教授和学生参与学校治理,一改北大沿袭已久的封建官衙作风。在学术研究上,蔡元培主张"兼容并包"的学术研究思想,在他的鼓励下,陈独秀将新文化运动的重要宣传风向标《新青年》搬入北大编辑出版,青年学生发起成立"新潮社",编辑《新潮》月刊,介绍西方学术思想,评论中国学术生态。在当时的北大,不仅有思想激进的新文化运动主将,也有以维护中华传统文化为己任的刘师培、黄侃、陈汉章和林损等教师,他们编辑《国粹学报》和《国故》月刊,以宣传和发扬中国文化为宗旨,与新文化运动的主将展开论战。[12] 在当时的北大,各种不同的思想主张和学术观点同时并存,各抒己见,体现出一种百家争鸣的自由的学术气象,这在近代学术史上是极其少见的。

1919 年,因中国在巴黎和会上的外交失败,五四爱国运动爆发。在运动中有许多北大学生参与并被北洋政府逮捕,蔡元培以北大校长身份出面与政府交涉,被捕学生陆续得以释放。在五四运动中,北大学生展现出高度的政治意识和社会运动参与度,北京学界也呈现出更加自由活跃的局面,青年学生纷纷组建各类社团,蔡元培始终秉持"兼容并包"的理念,予以支持和鼓励。校图书馆主任李大钊教授在馆内开办亢慕义斋,在师生中宣传马克思主义、共产主义。特别值得一提的是,五四运动后,蔡元培将悬挂在北大门前宛如虎头牌似的匾额拆除,此举象征性地消除了横亘在北京大学与普通民众之间的传统屏障,极大地方便了校外旁听生自由进入北大听课,为很多非北大的有志青年提供了很好的学习机会和便利,也在很大程度上推动了北大自由、开放办学的宏大气象。[13]

　　1920 年 11 月 24 日,蔡元培偕罗文干、张申府、刘清扬、汤尔和等人,自上海码头乘坐法轮“高尔地埃”号,再次远赴欧洲,“考察大学教育及学术研究机关状况”。12 月 27 日,抵达法国马赛。此行欧洲,蔡元培相继游历了法国、瑞士、比利时、德国、奥地利、匈牙利、意大利、荷兰与英国。在此期间,他访问了牛津、剑桥、巴黎和柏林等名校在内的数十所大学,认真考察这些学校的传统、办学特点、管理体制和学科设置,并且对法国所采取的大学区教育体制产生浓厚的兴趣。他认为大学区制正好适合当时中国倡行的地方自治,可以很好地解决各省教育质量和管理问题,这也成为他在南京国民政府任职初期,试行大学区试验的思想源头。此外,蔡元培还积极拜访欧洲著名学者和教育行政官员,以增强中欧之间的学术联系。他先后会见了居里夫人、爱因斯坦和德国著名哲学家奥伊肯,一方面邀请这些名人到中国讲学,一方面当面请益中国教育发展问题,得到不少启发。1921 年 6 月,蔡元培又横渡大西洋,访问美国。同年 9 月 14 日,他由美返国,抵达上海。蔡元培此番欧美考察,在中国近代教育发展史上具有重要的作用和意义,诚如学者所评价的,"蔡元培的欧美之行,使中国教育界与各先进国家建立了高层次的、广泛的联系,这对 20 世纪二三十年代中外文化交流产生了积极影响"[14]。

从欧美考察教育归来后,蔡元培又进一步提出并落实其关于教育的最新思考。首先是倡导美学教育。他于 1921 年 10 月开始,在北大开设美学课程,并且编纂《美学通论》,系统阐述自己的美学教育理念。蔡元培认为,实行美育教育,必须要家庭、学校和社会三方协调一致,从胎教开始,直至不同学校阶段,以及社会生活的各个环节,均须投入美感教育,以此培养个体的"求美"意识。这种"美育",其实质是造就高尚情操和完美道德的一种外在途径,是在近代化转型社会中,试图实现"以美育代宗教"的道德理想的表现形式。其次是主持"壬戌学制"的制定。1922 年 7 月初,蔡元培在济南参加中华教育改进社第一次年会,在开会报告中即提出重点讨论改革中国学制问题。9 月 20 日,教育部召集全国学制会议在北京举行,蔡元培担任临时主席,大会先后议决通过了《县市乡教育行政机关组织大纲案》《省区教育行政机关设立参议会案》《兴办蒙藏教育办法案》等,尤其是审议并全案通过了《学校系统改革案》。全国学制会议通过的诸项法案,是民国以来对学制的第一次大规模地改革,不仅缩短了学制年限,还更加注意地方实际需求;在正常的文化教育之外,开始重视职业训练和补习教育,课程设置和教材编纂也更加侧重实用,同时还实行选科制和分科教育,很好地兼顾了学生升学与就业两种需求;还明确规定了普通教育的"六三三"制。此次的新学制内容中,有"发挥平民教育精神"和"谋个性之发展"等条款,是与蔡元培一贯的教育主张十分契合的,也是他对新学制制定与颁行所施加的影响的显著体现。[15]

1923 年 1 月,蔡元培因不满于北洋政府对罗文干的诬陷和对教育的敷衍,愤然提出辞职,但因北大师生的争取,他最后以"暂居校长之名"的形式继续担任校长。直到 1927 年夏因奉系军阀掌握北京政权并整合各校,他的北大校长之名才正式结束。也就是在这一年,他被新成立的南京国民政府任命为大学院院长,开始力主试行大学区制度。1928 年 4 月,他被任命为国立中央研究院院长,执掌全国最高的科研机构。

1940 年 3 月 5 日,蔡元培病逝于香港,享年 74 岁,其遗体后安葬于香港仔华人永远坟场。蔡元培病逝的消息一经传出,国民党、共产党及社会各界,纷纷发来唁电,对其致力于中国革命和教育的历史功绩予以肯定和褒扬。中共中央委员会所发唁电称赞其"为发展中国教育文化事业勋劳卓著,培植无数革命青年";国民政府发布褒扬令,颂赞他"远历重瀛,研贯中西学术""锐意以作育人才、促进民治为己任",表扬他在教育总长、北大校长及大学院院长任上,"推行主义,启导新规,士气昌明,万流景仰"。蔡元培在近代中国教育领域做出的突出贡献,诚如中华教育文化基金董事会在其议案中指出的,正是在他的主持和领导下,北大才"浸成中国智识振兴及文学改进之源泉,使国家生活进入一新的时代"[16]。蔡元培是近代中国历史上一名"伟大的书生",是一个"开风气的学者"。

三、沪上实业翘楚:聂云台

聂云台,字其杰,生于1880年农历九月初五,祖籍湖南衡山。聂云台家族自其第十五世祖聂继模始,逐渐成为当地显家宦族。其祖父聂尔康,为道光顺天乡试举人、咸丰会试进士,曾任翰林院庶吉士、国史馆纂修、武英殿协修等职,后充任广东石城、新会、濂江和梅关等地知县,高州府知府等职,因在任时颇有政绩,名宦之声闻名全国,后世曾将其与曾国藩并论。聂云台之父聂缉椝,是曾国藩女婿,曾任上海制造局总办、苏松太道、浙江按察使、江苏巡抚、浙江巡抚等职,任内在洋务、外交等方面颇有作为,是晚清洋务派官员中的代表人物之一。其母曾纪芬,为曾国藩幼女,"幼承庭训,知书习礼,不仅娴于闺训,且精女红,勤纺织,崇俭约,守朴素,终身之,不以富贵而变其初衷"[17],这些品质对于聂云台的影响是显著且深远的。

聂云台自幼即跟随父母迁居上海,至16岁时才随父移

聂云台像

　　居杭州，其童少时光皆在上海度过。当时的上海，是中国乃至远东最大的开放口岸，中外经贸往来频仍，欧美器物、观念和生活方式对上海的影响已经很深，教育当然也不例外。聂云台自幼便由傅兰雅夫人教授英语和声光化电等西学知识，奠定了扎实的西学基础。同时，聂缉椝又非常重视对聂云台经世时务和勤俭朴素等传统教育的培养，还聘请诗文功底深厚且倾向维新的江瀚担任他的私人老师，对其进行更为规范和有针对性的教育。江瀚有意识地引导聂云台关注时务和维新活动，为聂云台开阔视野与接受先进奠定了基础，而对于清政府的抨击又在很大程度上形塑了聂云台无意仕途、主动脱离家族仕宦传统的道路选择。因此，聂云台身上就深烙了传统与现代两个方面的文化色彩，这对于他后来走上实业道路有重要影响。

　　1888年，当时的上海道台龚照瑗呈请李鸿章筹办华新纺织新局。1890年，聂缉椝继任上海道台后，继续办理未尽事宜。1891年，华新纺织新局正式开业。此后，经过多年发展，该厂资本与规模都不断增加。1894年，聂缉椝离任沪道，在向账房徐子静追索赃款时,曾获得华新纺织新局百分之十的股票,开始成为该厂股东之一。但在 1900 年之后,华新纺织新局因市场行情变化,加之经营不善,发展陷入困境。到 1904 年时,该厂已经陷入生产停滞、面临破产的危局之中。这时,曾任聂缉椝沪道账房的汤癸生出面,邀请聂缉椝与其一起租办处于亏损状态的华新纺织新局。聂缉椝以在任官员不便经商为由,加以拒绝。汤癸生便自行出面租办,将厂更名为复泰,邀请聂云台担任经理,由此开启了聂云台参与实业经营的生涯。该厂经营一年不到,便盈利十余万。1905年,汤癸生因病去世,汤家无人主持该厂运转,遂将所持股票悉数售与聂家,复泰就此成为聂家独家经营之公司。这时,聂家原来就持有的股票,加上汤家出售的股票,以及汤癸生在世时帮聂缉椝新买的股票,三者总数已达到华新纺织新局股票总额的三分之二,聂家已成为最大的股东。

以后,聂云台出任总理,其弟聂管臣出任协理,又聘请了经验丰富者担任经理、厂长、总账房等关键岗位。之后,由聂云台出面,与华新纺织新局董事会签订为期 5 年的租办协议。1908 年底,聂家出资从董事会手中将其余股份全部购买,复泰公司也正式取消,该厂更名为恒丰纺织新局,成为聂家独资经营的企业。

恒丰纺织新局成立后,聂云台任总理,聂管臣任协理,其他重要职员基本上仍为复泰公司的班底。聂云台由于在前面 5 年的经营管理中积累了一定的经验,在掌管了家族独资

教育实业拓新界

经营的纱厂后,不再受股东与董事会的掣肘,开始了大刀阔斧的改革。

聂云台先是把握住公共租界工部局电气处推广电气动力的大好机会,率先在上海的中方企业中引入电力马达,更换了此前一直使用的蒸汽锅炉,使得生产动力和生产效率有了很大增强,而且还节省了资金和空间,大大提升了产品的质量。同时,随着第一次世界大战的爆发,欧美各国无暇东顾,中国的民族工商业迎来了发展的黄金时期,聂云台借助这一时机,赚取了不菲的利润,他进而用这些利润作为新的资本,扩大了企业规模。至1922年时,恒丰纱厂的资本额已增至200万两白银,增长率达70%。他还积极购进大批欧美纺织机械,逐步淘汰更换原有落后机械,修筑适用新式机械的厂房,扩充了纱厂的规模。此外,他还投入很大精力改善纱厂的技术和管理方式。聂云台利用少时学习的英文和电化工程知识,自修科学课程,甚至翻译了《无线电信及赫氏电浪》一书。他接手恒丰纱厂后,投身车间,努力研究技术,先从动力传动等入手,逐渐熟悉纺织的原理,并且在此基础上改进了摇纱车换纱的技术,增加了生产效率。最重要的是,他积极聘请留学归国的和南通纺织学校毕业的专业纺织人才,如朱仙舫、汪孚礼、傅道坤、任尚武及廖泰松等人,赋予他们很大的权力,让他们利用专业技术和管理方式,去改革原有的工头制。经过种种努力,聂云台在恒丰纺织新局终于废除落后的工头制,并在纱厂生产的"清、梳、并、粗、细"等工

聂云台（前排中间）与恒丰纱厂职员合影

聂云台主持拟定的"棉铁工业学校"计划书

序环节上都进行了改革,大大提高了生产效率和生产质量,并引起上海棉纺业同行的重视。后来棉纺织界就有人评论指出,正是聂云台率先起用留学归国的专门纺织人才、大力整顿与革新技术,实现了低消耗、高产量和高质量的转型,才使得"风声所播,咸知纺织技术之不可已,竞求专才"[18] 现象的出现。聂云台在 20 世纪 20 年代初领导践行的这些革新举措,本身就代表了作为一名新式实业家所具有的远见与视野、勇气和毅力,是值得后人予以肯定的。

在主持恒丰纱厂进行改革的同时,聂云台还发起创办了大中华纱厂,试图摆脱原有旧厂"设备陈旧,不易发挥"的桎梏,创办一所机器设备新颖、运用最新技术和科学管理模式的纱厂,以实现他创办中国"模范纱厂"的最终理想。

1919 年 7 月,聂云台署名发布招股简章,初步拟定招股 90 万两,后因募股容易,层层加码,最终募得 200 万两白银作为办厂股本。聂云台将大中华纱厂厂址选定在蕰藻浜,共计 150 亩。该地东近淞沪路,南临蕰藻浜,毗连吴淞市镇,且东距黄浦江口及淞沪火车站也仅有数百米,水陆运输极为便利。在纱厂构建方面,聘请的都是经验丰富的设计师,在纱厂建筑构造、布局规划、材料运用等方面,擘画周详,体现出较为科学的设计理念。车间厂房宽约 40 米,长约 24 米,为两层的钢筋混凝土建筑;四周用钢窗镶嵌铁丝玻璃[19],使受光面积最大化;还建有公事房、修机厂、什物栈、杂工间等建筑,且建有自来水塔,用以供给全厂用水。大中华纱厂的机械设备则全部购自英美两国,且主要以细纱纱锭为主,正好迎合了当时市场上逐渐畅销的细纱制品的需求。大中华纱厂采用自行供电模式,建立发电厂,从德国与英国购置发电机,就连发电厂锅炉也是英国的一种自动加煤式,能够充分燃烧煤炭,且污染很少。修机厂的车床、刨床、铣床、锯床、磨床等机器,皆为英国制品,这可以很大程度上保证大中华纱厂机械修理的自我需求,最大限度地实现了纱厂经营与运行的自主权。

在管理模式上,大中华纱厂力求名副其实,讲究简单实用,"以得办事上之便捷"为宗旨,引进西方科学管理方法。纱厂设置总协理,下设总理处、纺织、电机与建筑 3 科,每科都聘素有经验的技师主持该科事务。这些机构和人员的设置,都是遵循纱厂生产程序与既有机器设备的实际情况而定,比较清晰地体现出现代工业企业治理中科层结构的职业

大中华纱厂外景

化、专业化、技术化的特点，最大限度地保证了人员职责清晰、分工明确。聂云台又特聘素有经验的技师，主持纺织科事务，尤其是聘任从东京高等工业学校纺织科毕业的汪孚礼担任纱厂总工程师。汪孚礼大量启用纺织学校的毕业生担任基层管理和技术干部，在引进科学管理法和标准化作业方面做出了努力，使大中华棉纱成为名牌商标。尤其值得一述的是，聂云台十分重视工人文化的建设，他认为"职员工人终日勤劳，不得不有康健之身体与活泼之精神"，因此在厂内组织职员俱乐部，分游艺、书报与运动3门，项目有足球、篮球和网球，阅览室内有各种书册和报刊，游艺则于每周开一次会，表演活动影戏、幻灯影片等，"以启发工人之智识，并引起生活之兴味，冀可勤于工作"。[20]

　　大中华纱厂完善的设计、先进的机械设备、科学的管理方法，成为当时中国纱厂的榜样，被称为"模范纱厂"。它的建成，既标志着聂家经济的发达和聂云台企业活动的高峰，也标志着中国民族纺织资本发展的顶点，同时，也表明中国近代实业界在接受西方先进设备与学习西方科学管理制度上的自觉与努力，对于聂家和民族纺织工业都有重大的历史意义。

　　除了在纺织领域做出很大成绩外，聂云台还在其他实业领域多有创获。1917年，聂云台联合穆藕初、郁屏翰、黄首民等人，创办中华植棉改良社，以"专以研究棉产为范围，冀以天然之地利，施以人力之改良，庶将来东亚棉产成为商战健将,用兴实业而挽利权"为宗旨,积极开展植棉改良事业。
1917年12月,聂云台又联合上海棉纺织业界人士刘柏森、
徐静仁、杨翰西、荣宗敬等人,组建华商纱厂联合会,聂云台
任副会长并实际主持工作。华商纱厂联合会也以植棉改良
为工作重点,成立植棉委员会,聘请金陵大学农科毕业生叶
鼎元为干事,制定实施方针。后来,聂云台等人又与东南大
学农科联合,划拨专门经费,用以研究植棉改良事业。经过
几年不懈努力,植棉改良事宜取得不俗成绩,不仅改良了棉
种,还增加了棉农的收益,一举多得,获得各界认可。此外,
聂云台认为中国工业机械严重依赖外国进口,有碍中国工业
发展,遂于1921年创办了中国铁工厂,在大中华纱厂旁租地
40亩建厂,其设厂目的,为"专门制造纺织应用机件,为巩固
纺织业根本之图,先从制造布机及纺织机配件入手,渐图发
展,以至各种工业机器"。[21]中国铁工厂内部组织职权清晰,
技术人员充裕,机械设备先进,所制产品精良,为当时上海的
中国工厂所欢迎。至1925年底,中国铁工厂已可基本仿造
生产纱布所用大部分机器设备,每年营业额达到十余万元,
占有了较为稳固的市场份额。

　　此外,聂云台还相继召集志同道合者,创办了中华劝工
银行、中国棉业银行,以此解决困扰中国实业发展的最大瓶
颈——资金问题,显示出聂云台实业思想中脱离传统短视利
益观的那种高远见识与战略眼光。聂云台还十分重视与国
外开展商贸交流,强调中外之间在实业贸易领域的互助与合

作。1919 年,他组织发起中美商业公司,聘请美国人担任经理,从事中外贸易,经营范围涵盖了五金、纸张、机器、桐油、茶丝、牛羊皮等货品。他还趁第一次世界大战时机,颜料贸易紧俏,与他人合伙创办颜料公司,从事中外颜料贸易。他的这些实业活动,在当时的中国实业界中,很多都是首创,起到了很大的开风气之先的作用。

聂云台很早就有出洋考察的想法。1915 年,他作为中国赴美实业考察团副团长到美国考察,这是其第一次出洋考察。这次考察中,他领略了美国实业发展的概况,对他发展中国实业很有启发。第一次世界大战结束后,他再次动身赴欧美考察。此次考察的目的除了购置新建纱厂的机械设备和参加美国海外商业协会年会外,他主要是想通过到欧美各国考察,为其实业经营积累经验、培养人才,加强与欧美商界的联系。

1920 年 4 月 18 日,聂云台乘坐上海大来公司商船启行赴美。聂云台此番欧美之行,经上海至美国,继而游历英国、瑞士、德国、比利时、法国,最后折返美国后回国,共游历欧美 6 国。此番欧美考察区域广阔、行业众多,对于聂云台充分且全面认识欧美各国实业发展与社会面貌有重要意义。聂云台在美国受到美国各地商界的热情招待,如他先后受到西雅图商会、纽约世界广告会社社长萧尔士等团体或个人的招待,聂云台也借此时机发表一系列演讲,呼吁加强中美商界的交往和贸易,希望美国商界能对中国实业教育提供资金和

1920 年聂云台赴欧美考察实业时所摄影像

大戰後的歐美

此次遊歷歐美，計合衆英法比瑞德六國，凡逾七閱月，其最大之感觸，爲各國經濟之恐慌，其間尤以德國爲最，及人民生活之艱難，德國自歐戰之後，中下流社會之人民，生計，艱苦難以言喩，中國留德之學生，每人每星期僅得肉食一片，至於麵包、奶油，仍粗黑不堪入口，其餘歐洲各國，亦極困苦，即美國號稱豐富，而以百物昂貴之故，工商頗現恐慌之象，吾華國勢雖弱，尙無此種現象，若能未雨綢繆，庶不至將來噬臍之悔，（聶雲台）

1920 年,聂云台考察第一次世界大战后欧美各国经济社会状况,并发表考察感想设备方面的援助,得到了美国政商各界的普遍响应和支持。

　　1920 年 7 月 14 日,聂云台离开美国横渡大西洋赴欧考察,同年 10 月 15 日返回美国,在欧洲考察 3 个月整。聂云台在欧洲时走访考察了许多工厂和名胜。如在法国游览参观了欧战时期的法国战场;在英国时参观小规模之机器赛会,乘坐了双层电车;在德国时不仅参观克虏伯兵工厂,还身着矿工衣服下井考察煤矿,且参观了德国最大之海口与新造之轮船;在瑞士游览了阿尔卑斯山,感受了山巅积雪、山麓温润的壮丽景观;在比利时参观玻璃工厂与图画美术馆等。[22]这些丰富的参观体验,使聂云台对于欧美各国不同的实业发展特色有了清晰的对比认识,进而为他在实业发展方面提供了可足借鉴之资。

　　聂云台在考察各国实业发展状况的同时,也对第一次世界大战给各国所造成的灾难有了直观且深刻的体悟。由于当时欧洲各国刚刚经历了惨烈的战争,元气大伤,战争创伤并未因战争结束而消失,聂云台在欧洲各国考察时,恰好目睹了战后的社会惨况。他在归国后的谈话中,详细叙述了他在英、法、德等国所见的战后市场萧条景象和人民困苦生活,并说,“吾华国势虽弱,尚无此种现象,若能未雨绸缪,庶不至将来噬脐之悔”。他将这种现象归结为“竞私利有以致之”,他认为如果要避免此种困局而拯救中国,“当先扫除私欲”。[23]这促使他在借鉴和思考实业发展路径的同时,也开始对人类社会发展进行了思考,为他后来思想的转变埋下伏笔。

　　1920 年 12 月 5 日上午 9 时许，聂云台乘坐"俄后"号轮船由美返沪，结束其近 8 个月之久的欧美考察之行。当日适逢雨天，据记者描述，聂云台"身着雨衣，面颊较前稍瘦，而精神则甚充满"，前往码头迎接者包括上海基督教青年会、上海总商会及恒丰纱厂等机构的代表。在随后进行的记者采访中，聂云台概述了他欧美之行的过程，强调"此次调查，纯为实业范围"，且对他在德国能目睹最新式之机器而欣慰不已，"德之机器，全系新式，毕览无遗"，并就各国机械设备谈了自己的认识，"综观各国机器，各有所长，未可轻加评断，而自制造力言之，则美为最发达"。[24] 可以说，这次欧美考察，对于聂云台的实业思想与实践甚至是社会发展观念都产生了深刻的影响。

　　随着第一次世界大战的结束，凭借第一次世界大战时机繁荣发展起来的中国民族经济，在美日等国商品的冲击下逐渐走向萧条。尤其是在棉纺织、面粉等行业领域，这种冲击更为明显、严重。聂云台创办的"模范纱厂"大中华纱厂在开工不久即遭遇市场萧条，在经过一次增股和借款后，还是难以为继，终在 1923 年 7 月被迫停产。1924 年 3 月，银行团将不能按期偿还贷款和利息的大中华纱厂起诉至会审公廨，同年 8 月，以 159 万两转售永安公司。聂云台参与创建的另一纺织企业华丰纱厂，也因市场不景气，被迫向日商借款，最终因无力偿还借款，被日商所收购。中国铁工厂，虽然

聂云台（后排左3）与家人合影

得到一定程度的发展,但是因整个市场环境的不佳,以及资金缺口,最终于 1932 年被标卖。中美商业公司,也因经营不善,亏损巨大。聂云台当初踏入实业领域的底本恒丰纱厂,也不断减产甚或停工,在时产时停中艰难维持。这些企业的相继失败,对于聂云台精神的打击是非常大的,20 多年后,有记者对他进行采访,他仍"自称'我是纺织界的失败者',对于所询关于纺织业的意见,绝口不谈"[25]。

1924 年以后,聂云台逐渐退出聂氏家族企业的经营,开始吃斋念佛,多从事宗教与公益慈善事业,且成为上海著名的佛教居士。1943 年,聂云台因骨痨被截去一条腿,行动不便,身体也开始每况愈下。1953 年 12 月初,在一次意外感冒后,他自知不治,遂自撰挽联一副:做了几十年怪物,见解不与人同,于今放下诸缘,一心归依净土。哀哉无量数有情,痴迷皆曰予知,何时彻底觉悟,三界齐现清凉。12 月 11 日晚,聂云台病情加重,家人请灵岩山妙真和尚领众助念,12 日午时,安详过世,享年 74 岁。

聂云台作为民国时期著名的实业家,在发展中国民族工商业经济,尤其是在棉纺织业方面,做出了巨大贡献。他通过赴欧美考察实业的方式,学习了先进的经营理念和管理方式,购置了先进的机械设备,并主动与欧美商界加强商贸联系,这些举措在近代中国民族实业发展史上都具有开拓性的贡献。他以上海为原点,从实业角度观察和审视世界发展潮流的远见卓识,值得我们肯定和学习。

注 释

1. 方玉芬:《近代国人出国教育考察与中国教育近代化》,《廊坊师范学院学报》2011年第4期,第56页。

2. 高叔平:《蔡元培年谱长编》第1卷,人民教育出版社1998年版,第57页。

3. 张晓唯:《蔡元培传》,百花文艺出版社2009年版,第11页。

4. 张晓唯:《蔡元培传》,百花文艺出版社2009年版,第13—15页。

5. 张晓唯:《蔡元培传》,百花文艺出版社2009年版,第17—18页。

6. 高叔平:《蔡元培年谱长编》第1卷,人民教育出版社1998年版,第215—217页。

7. 高叔平:《蔡元培年谱长编》第1卷,人民教育出版社1998年版,第247—248页。

8. 张晓唯:《蔡元培传》,百花文艺出版社2009年版,第30—31页。

9. 张晓唯:《蔡元培传》,百花文艺出版社2009年版,第34—38页。

10. 高叔平:《蔡元培年谱长编》第1卷,人民教育出版社1998年版,第608—615页。

11. 高叔平:《蔡元培年谱长编》第2卷,人民教育出版社1998年版,第3页。

12. 张晓唯:《蔡元培传》,百花文艺出版社2009年版,第51—62页。

13. 张晓唯:《蔡元培传》,百花文艺出版社2009年版,第71—72页。

14. 张晓唯:《蔡元培传》,百花文艺出版社2009年版,第76—77页。

章

注　释

15. 张晓唯：《蔡元培传》，百花文艺出版社 2009 年版，第 79 页、83—84 页。

16. 高叔平：《蔡元培年谱长编》第 4 卷，人民教育出版社 1998 年版，第 532 页。

17. 啼红：《曾国藩幼女：书曾纪芬事》，《力报》1943 年 4 月 14 日。

18. 朱仙舫：《三十年来中国之纺织工程》，《纺织染工程》1947 年第 9 卷第 8 期，第 8 页。

19. "铁丝玻璃"即指夹入了铁丝的玻璃，是将铁丝进行预热处理，然后把玻璃加热到软化的状态，接着将铁丝嵌进软化的玻璃里形成的夹丝玻璃，其具有比普通玻璃强度高、耐受冲击和高温的特点，能起到隔绝防火的作用，又被称为防火玻璃。

20. 《大中华纺织公司（转载说明书）》，《华商纱厂联合会季刊》1922 年第 3 卷第 2 期，第 204 页。

21. 《中国铁工厂呈请注册备案》，《新闻报》1921 年 10 月 10 日。

22. 《聂云台君考察欧美实业之摄影》，《时报图画周刊》1920 年第 28 期，第 1 页；《聂云台返沪及其谈话》，《时报》1920 年 12 月 6 日。

23. 《青年会欢迎聂云台大会纪》，《申报》1920 年 12 月 11 日。

24. 《聂云台返沪及其谈话》，《时报》1920 年 12 月 6 日。

25. 《纺织生活：聂云台先生访问记》，《纺织周刊》1948 年第 9 卷第 16 期，第 234 页。

结

语

近代上海因其特殊的地理区位和发展逻辑,成为中国最为西方化的城市,也是近代中国最为现代化的城市,甚至被人称为"两个世界中间的城市"。这种西方化和现代化浸透在上海的方方面面,如文化、经济、思想和风俗习惯等,从器物到精神,从行为方式到价值观念,对上海产生了广泛而深刻的影响。由此一来,上海不仅是西学东渐的前沿窗口,也是近代中国的经济中心,既是全国的文化重镇,又是孕育革命的光明摇篮。多维角色高度集中于一体的特质,使上海成为不同领域的精英汇聚拼搏的天地,不同志向的进步者拔锚起航寻求真理的码头。由上海启程赴欧的先进者们,即属典型代表。上海,因他们而生机勃勃;他们,因上海而成就自我。

　　晚清以来,赴欧考察学习者,或官或民,很多人都充当了引介近代西方文化的重要津梁,很多西书的编译工作都在上海完成。到19世纪后期,上海已经是中国西学传播的中心,中译西书有近80%在上海出版。甲午以后,人们对于西学的认识和追求愈加急切普遍,图书市场上各类西学书籍也

20 世纪 30 年代的北外滩

逐渐呈现一片繁荣景象。据统计,戊戌以前近半个世纪上海
共译书 434 种,但 1902 年至 1904 年的三年中,上海已译书
360 种,在全国占比在三分之二以上,且以法政、史志、教育
和哲学等社会科学类书籍为主,这也从一个侧面反映了近代
中国对于西方的学习由器物向政治制度和思想文化层面的
深刻转变。[1] 这种转变其实也可从王韬、严复等赴欧学人的
身上发现轨迹。

　　王韬因投身上海墨海书馆西书翻译工作,是近代中国较

早全面汲取西方科技文化知识的学者,随着译书经验的积累
和与西人接触的加深,王韬自身的知识结构和西学素养也发
生了重要转变,他开始跳出传统的中西器物区隔的视野,从
制度层面思考中西差异,探寻强国富民之路。尤其在他远赴
欧洲实地考察后,强烈的现实差距震撼了他的内心,现代科
学技术对现代文明的促进作用,使他深信现代化的文明之
道,是实现强国富民的大道,君主立宪的政体,是改变封建专
制、达成众志成城的佳径。归国后的王韬,在香港、上海等地

编译著述、创办报纸和主持格致书院,不遗余力地宣传自己的变法主张,代表了在民族危机日趋加重的背景下,先进知识分子对于救国救民道路的不懈探索。他的努力指引了时代发展的方向,对于后来的维新派具有很大影响。王韬的近代中国维新先驱的地位就此奠定。

　　这一时期最值得关注的,是以严复为代表的留欧学生。他们不遗余力地向中国引介西方文化的价值观,移植以进化论为基础的西方思想学术,对中国传统思想界产生了前所未有的猛烈冲击,致使中国的思想学术在西方进化论的影响下进入一个全面转型期,[2]对后世的历史发展产生了重要的作用。尤其是严复对"物竞天择,适者生存"所作的创造性阐释,在当时的社会语境中具有强烈的震撼作用,影响了很多青年人,如胡适在谈到早年阅读《天演论》时就说道:"在中国屡次战败之后,在庚子辛丑耻辱之后,这个'优胜劣败,适者生存'的公式确是一种当头棒喝,给了无数人一种绝大的刺激。几年之中,这种思想像野火一样,延烧着许多少年人的心和血。'天演''物竞''淘汰''天择'等等术语,都渐渐成了报纸文章的熟语,渐渐成了一般爱国志士的'口头禅'。"[3]必须指出的是,严复翻译的西方经典学术著作,大多也是在上海出版发行的,这当然得益于上海特殊的政治环境和发达的出版行业,但换种视角,上海能够成为近代西学中心,又何尝不是严复这样的西学传播者共同选择和塑造的结果呢?

　　整体而言,近代上海出现的由赴欧知识分子创办或主持的新式学校,如格致书院、南洋公学、复旦公学等机构,基本都抱有传播近代科学知识、培养国家急需新式人才的目的,他们在教学内容和教学方法上,也都参照或借鉴西人学校,注重实践能力的培养,这是与当时中国传统书塾最为明显的不同。王韬、严复、蔡元培等人在上海参与主持的这些新式教育机构,培养造就了一大批新型知识分子,为国家提供了丰富的人智资源,这些学生不仅具有近代知识和科学素质,而且涌现出很多杰出人才,如李叔同、吴稚晖、沈庆鸿、范源濂、黄炎培、邵力子、胡仁源、竺可桢、陈寅恪等人,都成为遍布全国、走向世界的重要名人。当然,更多的类似新式学校的学生还是留在上海,为日后上海城市的发展做出重要贡献,如叶瀚、钟天纬、方椒伯、刘鸿生、钱新之、吴蕴初、许涤新、胡适、蒋光慈等人,在工商金融、科教文卫等领域,都颇有建树,有力地促进了上海的经济文化建设。[4]

近代上海还是孕育革命与光明的摇篮。一大批有志青年从上海出发,远赴欧洲探求救国救民的真理大道,开始走上革命的征途。一些人还在回国后,于相当时间内在上海从事地下革命活动,演绎了龙潭虎穴中的英雄本色。

近代上海长时期保持着中国经济中心的卓越地位。至19世纪中后期,上海已成为中国航运、外贸和金融中心,到20世纪30年代,更是发展为集外贸、工业、金融和信息为一体的多功能经济中心。[5]近代上海经济发展呈现出与其他城市明显不同的特征,如资本、企业和技术设备的高度聚集性,结构的完整性和相应的协调合理性,显著的对内和对外开放性以及高效性等。而发达的城市工业是支撑这些特性的重要基础。上海近代工业不仅在国内起步最早,而且始终在国内产业的发展转换过程中起着领先和带头的作用。很多新兴的企业和产业都最先在上海产生和集中,进而对全国各地产生示范作用。

第一次世界大战前后,为了探索建立近代化工业体系的方式方法,一些开明的或接受过新式教育的工商业者,远赴欧美考察学习,试图通过借鉴和仿效西方,建立起中国自己的现代化工业体系。以聂云台为代表的民族实业家赴欧美考察实业,便是这一趋向的典型例证。民族工商业者的赴欧考察,使得近代中国的民族工业,从机械设备到专业人才,从建厂理念到管理模式,都烙有很深的欧洲印迹。这对于近代中国现代化工业体系的创建和发展产生了重要的影响。

据学者研究,19 世纪中期近代工业在上海刚出现时,生产技术和机械设备都十分落后,自 20 世纪初期以后,上海的新兴行业明显增多,至 30 年代整个工业行业门类比甲午战争前增加了 10 多倍。据统计,1911 年拥有 30 名工人以上的使用机器的工厂上海有 48 家,至 1933 年时,这种正规的机器制造企业增加为 3485 家,占当时被统计的全国 12 个大城市中总数的 36%,这些工厂资本总额为 19087 万元,占全国主要大城市中资本总额的 60%。上海的这些工厂的生产净值为 72773 万元,占全国主要城市中生产总值

20 世纪 20 年代的南京路

的 66%。[6] 近代中国的民族工业主要集中于轻工业领域，尤其以纺织、烟草和面粉为主，而其近半数都设在上海，如 1932—1933 年间，在上海的现代棉纺织厂有 64 家，烟草厂有 46 家，面粉厂有 41 家，分别占全国同类企业数的 47%、76.7%、49.4%。[7]

　　20 世纪二三十年代，上海创办的一批染织、电器、橡胶、化工原料等新兴工业企业，其创办人大多是受过专业教育的企业家。这些企业家具备现代化的科学素养，与欧美工商界保持着一定的联系，甚至本身就有赴欧美考察学习的经验。他们积极引进新设备、学习新技术，通过技术改造，调整产品结构，提高企业经济效益，使得生产力水平有了明显提升。[8] 除聂云台外，荣氏兄弟也派出有留学经历的荣月泉赴欧美等地考察实业，了解国际行业动态，汲取新的理念，开拓新的思路，并订购了最新式的磨粉机和纺纱机，[9] 为申新和福新两大系统的持续扩张夯实了基础。因此，中国近代化工业体系的建立，离不开工商业者的赴欧美考察与学习。

注 释

1. 张仲礼主编:《近代上海城市研究》,上海人民出版社 1990 年版,第 1032—1033 页。

2. 吴汉全、王中平:《留学生与近代中国社会变迁》,吉林人民出版社 2012 年版,第 55 页。

3. 胡适:《四十自述》,亚东图书馆 1933 年版,第 99 页。

4. 张仲礼主编:《近代上海城市研究》,上海文艺出版社 1990 年版,第 984、1017—1018 页。

5. 熊月之主编:《上海通史》第 1 卷,上海人民出版社 1999 年版,第 18 页。

6. 熊月之主编:《上海通史》第 8 卷,上海人民出版社 1999 年版,第 14—15 页。

7. [美]罗兹·墨菲:《上海——现代中国的钥匙》,上海人民出版社 1986 年版,第 200 页。

8. 张仲礼主编:《近代上海城市研究》,上海文艺出版社 1990 年版,第 433 页。

9. 徐鸣:《荣宗敬传》,华东师范大学出版社 2015 年版,第 92 页。

参

考

文

献

一、志书类

《上海远洋运输志》,上海社会科学院出版社 1999 年版。

《上海沿海运输志》,上海社会科学院出版社 1999 年版。

《虹口区志》,上海社会科学院出版社 1999 年版。

《上海港志》,上海社会科学院出版社 2001 年版。

熊月之主编:《上海通志》,上海人民出版社 2005 年版。

二、报刊类

《新闻报》。

《申报》。

《时报》。

《新青年》。

《上海常识》。

《上海警察》。

《北辰杂志》。

《上海公共租界工部局公报》。

《力报》。

《华商纱厂联合会季刊》。

《纺织周刊》。

《纺织染工程》。

The Noyth — China Daily News

The Shanghai Times

三、研究著作类

《上海港史话》,上海人民出版社 1979 年版。

钟叔河:《走向世界:中国近代知识分子考察西方的历史》,中华书局 1985 年版。

茅伯科主编:《上海港史》(古、近代部分),人民交通出版社 1990 年版。

黄新宪:《中国留学教育》,四川教育出版社 1990 年版。

忻平:《王韬评传》,华东师范大学出版社 1990 年版。

张仲礼主编:《近代上海城市研究》,上海人民出版社 1990 年版。

王奇生:《中国留学生的历史轨迹 1872—1949》,湖北教育出版社 1992 年版。

毛毛:《我的父亲邓小平》上卷,中央文献出版社 1993 年版。

朱敏彦:《中共党史人物研究荟萃》,复旦大学出版社 1993 年版。

鲜于浩:《留法勤工俭学运动史稿》,巴蜀书社 1994 年版。

[美]史华兹:《寻求富强:严复与西方》,周文彬译,江苏人民出版社 1996 年版。

徐立亭:《晚清巨人传:严复》,哈尔滨出版社 1996 年版。

李平、杨柏岭:《梁启超传》,安徽人民出版社 1997 年版。

姚仁隽:《赵世炎传》,中共党史出版社 1998 年版。

熊月之主编:《上海通史》,上海人民出版社 1999 年版。

中共中央党史研究室科研管理部编:《赵世炎百年诞辰纪念集》,中共党史出版社 2001 年版。

黄文明编著:《陈毅传》,贵州人民出版社 2001 年版。

中华人民共和国民政部:《中华著名烈士》第 8 卷,中央文献出版社 2001 年版。

徐开垒:《巴金传》,上海文艺出版社 2003 年版。

中共上海市委宣传部编:《邓小平与中国现代化:上海市纪念邓小平诞辰 100 周年研讨会文集》,上海人民出版社 2004 年版。

中共上海市委党史研究室编著:《邓小平在上海》,上海人民出版社 2004 年版。

《聂荣臻传》编写组:《聂荣臻传》,当代中国出版社 2006 年版。

陈廷一:《青年邓小平》,中国社会出版社 2008 年版。

金冲及主编:《周恩来传》,中央文献出版社 2008 年版。

张晓唯：《蔡元培传》，百花文艺出版社 2009 年版。

李喜所主编，元青等：《中国留学通史·民国卷》，广东教育出版社 2010 年版。

李喜所主编，刘集林等：《中国留学通史·晚清卷》，广东教育出版社 2010 年版。

中国中共党史人物研究会编：《中共党史人物传·军事卷》，中共党史出版社 2010 年版。

中国中共党史人物研究会编：《中共党史人物传精选本 3》（英烈与模范卷），中共党史出版社 2010 年版。

中共中央党史研究室：《中国共产党历史第一卷（1921—1949）》，中共党史出版社 2011 年版。

刘青松：《天朝的天窗：晚清最后十年报刊风暴》，上海三联书店 2012 年版。

吴汉全、王中平：《留学生与近代中国社会变迁》，吉林人民出版社 2012 年版。

王敏玉主编：《邓小平生平研究资料》，中央文献出版社 2013 年版。

徐鸣：《荣宗敬传》，华东师大出版社 2015 年版。

［日］宗方小太郎：《宗方小太郎日记》，甘慧杰译，上海人民出版社 2016 年版。

中共四川省委党史研究室编：《四川党史人物传》第 1 卷，四川人民出版社 2016 年版。

［日］山口守：《黑暗之光：巴金的世纪守望》，复旦大学出版社 2017 年版。

陈毅纪念馆编写，张德银主编：《共和国元帅系列：陈毅》，中央文献出版社 2017 年版。

李新芝主编：《邓小平实录（1982—1997）》，北京联合出版公司 2018 年版。

虹口区档案局（馆）、虹口区委党史办、虹口区地方志办公室编：《往事：赴法勤工俭学运动 100 周年纪念专刊》，2019 年版。

胡申生编著：《从上海大学（1922—1927）走出来的英雄烈士》，上海大学出版社 2020 年版。

曹典：《陈延年画传》，上海人民出版社 2021 年版。

刘玉杰《陈乔年画传》，上海人民出版社 2021 年版。

中共中央党史和文献研究院：《中国共产党的一百年》，中共党史出版社 2022
年版。

四、年谱文集和史料汇编类

余日章等：《欧游经验谈》，青年协会书局 1923 年版。

胡适：《四十自述》，亚东图书馆 1933 年版。

陈真编：《中国近代工业史资料》第 3 辑，生活·读书·新知三联书店 1961
年版。

清华大学中共党史教研组编：《赴法勤工俭学运动史料》，北京出版社 1980
年版。

聂元素、陈昊苏等编：《陈毅早年的回忆和文稿》，四川人民出版社 1981
年版。

丁文江、赵丰田编：《梁启超年谱长编》，上海人民出版社 1983 年版。

聂荣臻：《聂荣臻回忆录》，战士出版社 1983 年版。

钟叔河主编：《走向世界丛书》第 6 册，岳麓书社 1985 年版。

唐金海、张晓云主编：《巴金年谱》，四川文艺出版社 1989 年版。

中共上海市委党史研究室编：《陈毅在上海》，中共党史出版社 1992 版。

《邓小平文选》第三卷，人民出版社 1993 年版。

张志春：《王韬年谱》，河北教育出版社 1994 年版。

刘树发主编：《陈毅年谱》，人民出版社 1995 年版。

高叔平：《蔡元培年谱长编》第 1 卷，人民教育出版社 1998 年版。

中共中央文献研究室编：《周恩来年谱（1898—1949）》（修订本），中央文献出版
社 1998 年版。

周均伦主编：《聂荣臻年谱》上册，人民出版社 1999 年版。

陆米强编：《陈绍康中共党史研究文集》，上海古籍出版社 2007 年版。

李永春编著：《蔡和森年谱》，湘潭大学出版社 2007 年版。

杨胜群、闫建群编著：《邓小平年谱》，中央文献出版社 2009 年版。

谷安林主编：《中国共产党历史组织机构辞典》，中共党史出版社、党建读物出版
社 2019 版。

五、论文类

方玉芬:《近代国人出国教育考察与中国教育近代化》,《廊坊师范学院学报》2011 年第 4 期。

郑师渠:《梁启超与欧战》,《历史教学问题》2014 年第 5 期。

熊月之:《上海城市的国际性与中共的创立及早期发展》,《世界历史》2021 年第 2 期。

熊月之:《上海城市集聚功能与中国共产党创立》,《学术月刊》2021 年第 6 期。

后

记

近代中国的大门,是在西方列强坚船利炮的轰隆声中被迫打开的。血的教训和屈辱的经历,促使近代中国人开始向西方学习,欧洲的先进国家成为首选目标。上海,作为赴欧考察、游学的出发地,也成为近代中国人睁眼看世界的起始点。可以说,历史赋予上海不一样的色彩和价值。

2020年8月的一天,接到恩师熊月之教授的电话,嘱我搜集近代国人赴欧考察和求学的相关史料,构思撰写一册反映近代由上海港口出洋赴欧人物的小书,作为他主编的"爱上北外滩"丛书的一种,我在惊喜忐忑中应诺下来。随后便利用工作之余,开始搜集和整理相关史料。2020年11月17日,各参写作者及学林出版社、虹口区地方志办公室领导齐集开会,在会上确定了丛书的内容要求、题材体例及交稿时间,特别强调要点面结合,重点突出上海、突出虹口、突出红色文化。有了前述基础,我才逐渐找到完成撰写任务的信心和动力。

历史撰述,写人不易,写人的思想与行为的变化更是不易。近代中国,学习西方一直是历代仁人志士不懈追求的重要内容。不同时段,不同人物,赴欧追求的东西不尽一致,但往往都蕴含着较为浓烈的民族主义情怀,或是寻求启迪民智的锁钥,或是探觅救国救民的真理,或是学习富国强民的办法,尤其是那些代表性人物,这种色彩更为厚实,特点也更为突出。根据既定框架,本书选取了不同历史时段极具代表性的赴欧人物进行撰述,既要梳理其在赴欧和返国前后,在上海的重要活动,又要重点展现他们在欧洲的考察和求学活动的全貌,尤其要关照他们前后的思想和行动的转折变化,这是不太容易做好的。幸运的是,书中选定的历史人物的文稿材料和学界积累的年谱传记及其他研究成果,为本书的撰写提供了丰富的资料支撑。经过近半年的时断时续的写作,和前后两次的修改补充,方才有此小书呈现。当然,限于学识与能力,本书在论述广度和分析深度上,还存在很大的差距,敬请读者批评指正。

感谢恩师熊月之教授,在资料的搜集、结构和标题的拟定,乃至初稿完成后的补充修改等每一个环节,都灌注着老师的悉心指导和辛勤付出。感谢虹口区地方志办公室对我们的信任与支持。感谢学林出版社的督促和指导。感谢同辑作者何方昱、杨雄威和翟海涛老师在框架拟定和资料分享上的帮助。感谢家人的理解与支持。

临近岁末,在深冬的清冷与肃穆中,不禁让人想起一百年前在巴黎的工厂中、郊区里,忍饥挨饿的留法勤工俭学生,或是在冷风中瑟瑟发抖的梁启超,他们为了寻求真理,为了反思现代，千里迢迢来到欧洲，用自己的眼观察一切，用自己的心感悟一切，不负那胸中滚烫炽热的救国理想。这么一想，这个冬天又似乎没有那么冷！

严斌林

2023 年 12 月

图书在版编目（CIP）数据

赴欧 / 严斌林著 . —上海：学林出版社，2023
（爱上北外滩 / 熊月之主编 . 睁眼看世界）
ISBN 978-7-5486-1948-2

Ⅰ . ① 赴… Ⅱ . ① 严… Ⅲ . ① 留学教育—教育史—中
国—近代 Ⅳ . ① G649.295

中国国家版本馆 CIP 数据核字（2023）第 154215 号

责任编辑 许苏宜　胡雅君　陈天慧
特约审读 完颜绍元　茅伯科　陆秉熙
整体设计 姜　明

爱上北外滩·睁眼看世界
赴欧
熊月之　主编
严斌林　著

出　　版　**学林出版社**
　　　　　　（201101　上海市闵行区号景路 159 弄 C 座）
发　　行　上海人民出版社发行中心
　　　　　　（201101　上海市闵行区号景路 159 弄 C 座）
印　　刷　上海颛辉印刷厂有限公司
开　　本　890 × 1240　1/32
印　　张　9.125
字　　数　22 万
版　　次　2024 年 2 月第 1 版
印　　次　2024 年 9 月第 2 次印刷
ISBN 978-7-5486-1948-2/K · 238
定　　价　68.00 元